踏入荒野
给孩子的野外生存指南

[英]泰迪·基恩 编　韦萌 译

海峡出版发行集团 | 海峡书局
THE STRAITS PUBLISHING & DISTRIBUTING GROUP

安全提示：本书中包含一些危险的活动，
请在成人的监督下模仿或尝试。

下一次，当你感受到有风吹过，想想它是从哪里来的，
又要到哪里去。

有些风已经触碰过撒哈拉沙漠深处的山顶；有些则带着广袤的西伯利亚
针叶林散发出来的松脂的芬芳；有些可能来自非洲草原上一头打着哈欠
的狮子那张开的大嘴巴里。每一缕微风都带着它旅途中的故事。

仔细聆听，你会听懂风的低语。
这是对你的轻声召唤：踏入荒野，开启探险之旅吧。

编者的话

四年前，我和几个朋友在亚马孙流域的一个偏远地区徒步旅行时，无意中发现了一间旧棚屋。在棚屋的角落里，我们找到了一个金属盒子。它被几片棕榈叶盖在下面，已经被经年累月的锈迹封住了。出于好奇，我们小心翼翼地打开了盒子。里面有几本笔记和日记，还有各种写生簿——考虑到当地湿热的环境，这些东西的保存状况之好令人惊奇。

我们当时都没有意识到，摆在眼前的是一位不知名的艺术家和探险家倾注毕生精力创作的作品。

仔细翻阅这些精美的纸页后，我们不仅发现了一座探险知识的宝库，还欣赏到许多描绘世界各地探险活动的素描和彩色插画。我把这个金属盒子和里面的所有物品及时运回了家，并用了两年时间对它们进行了精心的修复和整理，最终形成了大家手中的这本书——《踏入荒野：给孩子的野外生存指南》。

至今这位探险家的身份依然成谜。除了文字和手绘的图画之外，他还留下来一封信，似乎是写给家里的两位年轻人的。那封信的字里行间传递出的信息很明确——要善良，要敢于冒险。

希望这本书也能激励我们所有人，勇敢地踏进荒野，过一种热爱探险的生活。

编者　泰迪·基恩

这是笔记本中所附信件的副本。

亲爱的 A 和 L:

　　如果你们正在读这封信，说明我的笔记本已经被找到了。我把它们和其他一些我不打算随身携带的东西留在了营地。笔记本上全是让我终身受益的知识，我想把它们都留给你们。在笔记本中，你们可以找到详尽的野外生存知识，从搭建庇护所到扎漂流筏，再到野外露营等，此外还有一些我自己的冒险故事。一定要仔细阅读。如果你们决定开启自己的发现之旅，这些都是必不可少的。

记住：要善良，要敢于冒险……
　　　　　　　照顾好你们的父母。

永远支持你们的，

（无人知晓的探险家）

目录

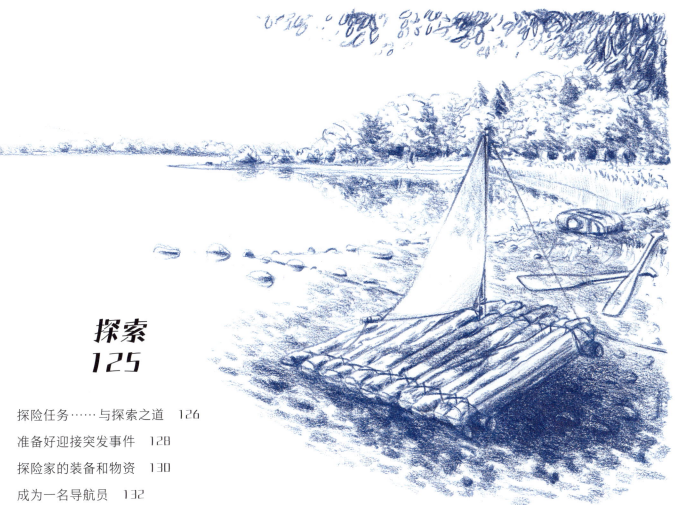

探索
125

实用技能汇编
171

世界属于爱冒险的人。

露营

如果条件允许，请去野外睡上一晚。

大多数探险活动都发生在白天，但要感受荒野真正的魅力，你需要融入其中。太阳落山后，一些神奇的事就会发生。你的感官会变得高度敏感，耳闻眼见的一切都会被放大。天地万物揭开了自己的面纱，我们那些喜欢在夜间活动的邻居会跑出来撒欢，眼里闪着光芒。

这时候，人们会感觉到自己在宇宙中有多么渺小。围坐在篝火旁，烤干了袜子，也温暖了灵魂，正如我们的祖先几千年来所做的那样。我们好像得到了一把钥匙，有了它，才得以瞥见这个世界的奥秘。

到旷野深处——从宁静的河岸到空旷的海滨，从山丘到古老的森林——去揭开自然栖息地惊人的秘密。

观察野生动物最好的方式，就是心怀敬意地与它们分享栖息地。

野外露营的准备工作

露营通常只是更大规模探险活动的一部分，但露营过程中会经历太多事情，本身就是一场冒险。

无论是直接步入荒野深处，还是出门前在家找好野外露营地，都要做好远离喧嚣和人群的准备，那里的规则是由大自然制定的。

选择野外露营地的 7 个要素：

* 远离公路和拥挤的道路，以及建筑物密集区域；
* 避开人群；
* 能听到小鸟歌唱和树木吱嘎作响的地方；
* 闻起来"野味"十足；
* 在晴朗的夜晚抬头就能看见银河；
* 夜里唯一的光亮来自手电、篝火或者夜空；
* 你的邻居只有野生动物。

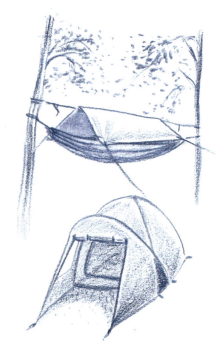

帐篷固然很好，可搭建庇护所的方案还有许多。

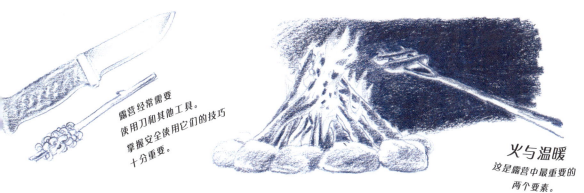

露营经常需要
使用刀和其他工具。
掌握安全使用它们的技巧
十分重要。

火与温暖
这是露营中最重要的
两个要素。

出发前你需要
带一些必要的
装备。

寻找可饮用的水源很
重要，这通常是决定
扎营地点的关键。

规划探险之旅着实令人兴奋。
你要好好研究研究地图，
找出理想的露营地。

你真的准备好去探索这广袤天地了吗？

一些难忘的探险经历

我头顶着北极光画下了这幅素描。北极光绝对是地球上最伟大的"灯光秀"表演。

一颗巨大的流星从头顶划过，不但照亮了纳米布沙漠，还发出了雷鸣般的声响。

月光在帐篷上映出一头大棕熊的轮廓。它和我们的距离只有几厘米，连喘气声都能听见。

在一个炎热的夏夜,
东欧天降"大雪"——其实是森林
大火产生的回反映。
没给顺心的旅行者上了一课:
森林是不饮人的。

显然这定注定是个夏天……
有一次,
在南极,我被一只
勇猛且特别聪明的
帝企鹅吻醒了。
没是电与野生动物
邂逅的经历中十分
难忘的一次。

在巨树之间行走

这里是我步入红杉林深处的起点。远古的
参天大树透过薄雾俯瞰着我们。雪地上，
我们的脚印与野鹿的蹄印相互交叠。

森林里一片寂静，偶尔能听见积雪从被压
弯的树枝上掉落时发出的闷响。

我们挑了一处远离悬垂树枝的空地，支起了帐篷。

这片空地不仅适合扎营，还为观星提供了开阔的视野。

这条河为我们提供了饮用水和美味的鳟鱼。

在森林中露营

　　在众多露营环境中，森林是最神奇的一处。走进加拿大的荒野，好像来到一个无人涉足的王国。这里远离尘嚣，令人感到安宁 —— 对古树来说，在这里生长恐怕再合适不过了。鸟类和哺乳动物在树冠的庇护下繁衍生息。在这里，我们的视觉和听觉都变得非常敏感。森林在向我们低语，召唤我们深入它的腹地。

北美红杉

115 米高
树龄超过 2000 年

这种树是世界上最高的树。

人

身高 1.8 米

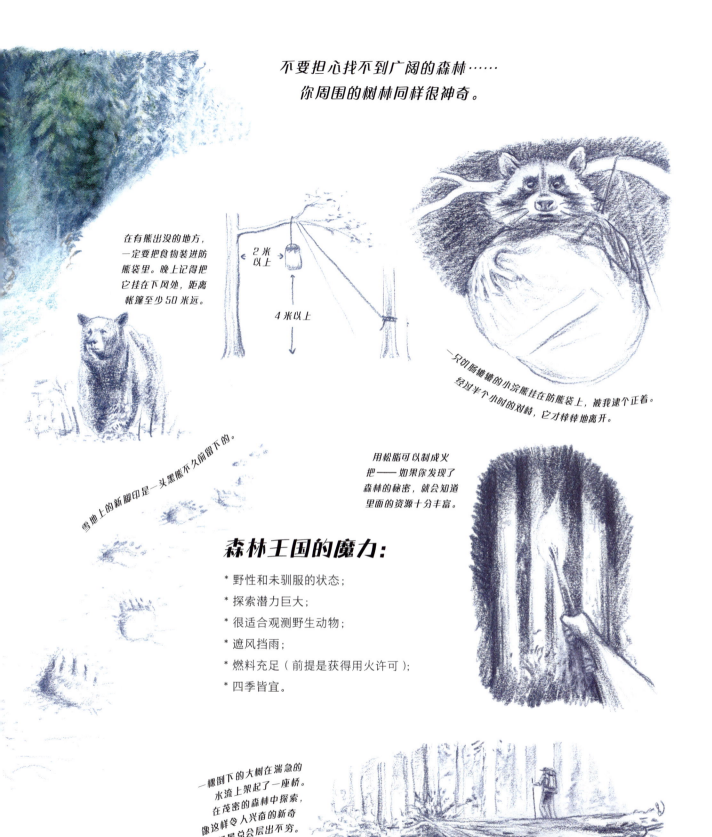

不要担心找不到广阔的森林……
你周围的树林同样很神奇。

在有熊出没的地方，一定要把食物装进防熊袋里。晚上记得把它挂在下风处，距离帐篷至少 50 米远。

2 米以上

4 米以上

一只馋糖糖的小浣熊挂在防熊袋上，经过半个小时的对峙，被我逮个正着，它才悻悻地离开。

雪地上的新脚印是一头黑熊不久前留下的。

用松脂可以制成火把——如果你发现了森林的秘密，就会知道里面的资源十分丰富。

森林王国的魔力：

* 野性和未驯服的状态；
* 探索潜力巨大；
* 很适合观测野生动物；
* 遮风挡雨；
* 燃料充足（前提是获得用火许可）；
* 四季皆宜。

一棵倒下的大树在湍急的水流上架起了一座桥。在茂密的森林中探索，像这样令人兴奋的新奇场景总会层出不穷。

这一幕十分罕见：一头鹿从我们眼前跑过，狼群在后面穷追不舍。我们遵守了观察动物的基本原则：不出声、不干预，待在下风处，随机应变。

天黑之后的世界

观察夜行动物

黄昏时分，许多动物会离开它们的藏身之所。通常，用一把好的手电筒就能观察到营地周边的动物，从鹿、浣熊到蝙蝠和蝎子，应有尽有。

夜间探险

如果确认没有危险，在黑暗中探索营地周边是一件令人兴奋的事。夜里很容易迷路，尤其是在树木繁茂的地方——时刻知晓自己的方位很重要。请戴上头灯，不要单独行动，让营地始终保持在视线范围内。

夜视能力

在黑暗中待上 10 分钟，你的眼睛才能看清楚东西。30~45 分钟后，夜视能力将达到最佳。留意一下你的听觉和嗅觉是如何增强的。你体内的那个猎人苏醒了。

听力

动身去探险之前，先了解一下森林里的野生动物，尤其是它们的叫声。天黑以后，试着把你听到的声音对号入座。

你可能还没见过美洲豹，但请相信我：看到任何夜行动物都会让你心跳加速。

　　一双眼睛在矮树丛中闪闪发亮。当我打开手电筒，发现不远处出现了一头身
形酷似美洲豹的动物——错不了，就是它。突如其来的光亮让美洲豹呆愣了
一会儿，不过它很快就跑掉了，消失在黑暗深处。

潮池是个洗澡的好地方。在沙滩上
（涨潮时的高水位线边缘）挖一个深坑，
再在坑里铺上防水布，顶部的边缘埋在沙子下面。
只要一涨潮，海水就能把水坑填满。

海岸

这里是密克罗尼西亚群岛中一座偏远岛屿上的荒凉海滩，是我很喜欢的一处露营地。我用防水布搭了个简易帐篷——有它为我遮风挡雨就足够了。白天，我下海探险，顺道捕一些晚餐的食材。黄昏时分，我坐在火堆旁看太阳落山。月亮露面后，我就躺下来数天上的星星。

要是碰上好天气，就去海边找一处偏僻的沙滩或者沙丘露营吧。摇曳的棕榈树或者珊瑚礁并不是必需的——无论你去哪儿都是一场冒险。带上帐篷或者防水布，如果天气暖和的话，甚至只拿睡袋都可以。切记，要把营地扎在涨潮时高水位线之上的地方。

清晨，在海浪的翻滚声中醒来可能是世界上最美好的事情。

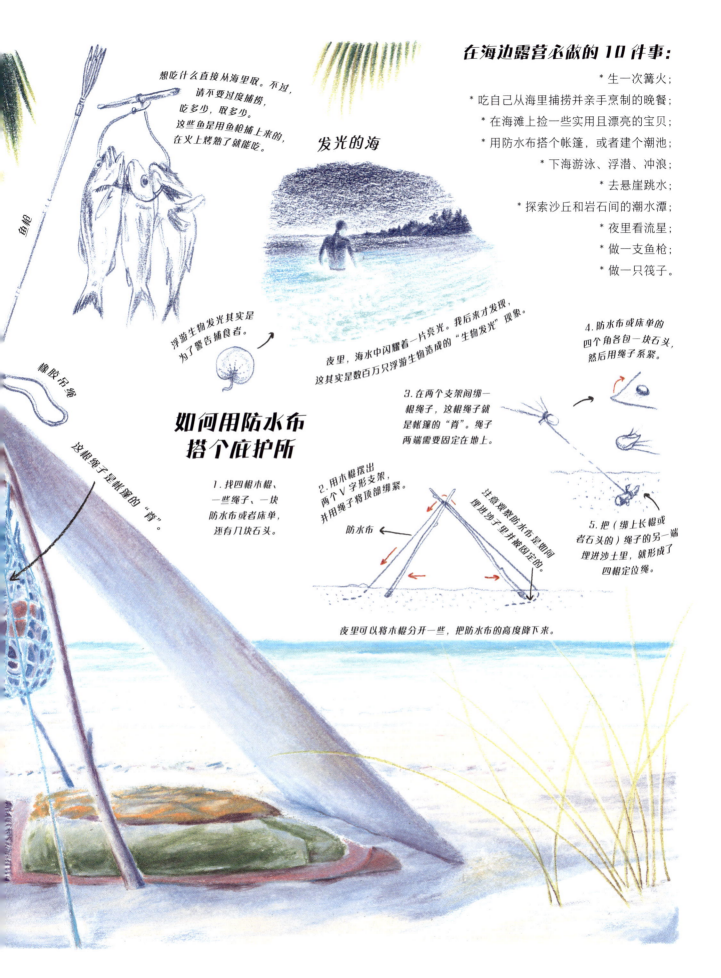

* 生一次篝火;
* 吃自己从海里捕捞并亲手烹制的晚餐;
* 在海滩上捡一些实用且漂亮的宝贝;
* 用防水布搭个帐篷,或者建个潮池;
* 下海游泳、浮潜、冲浪;
* 去悬崖跳水;
* 探索沙丘和岩石间的潮水潭;
* 夜里看流星;
* 做一支鱼枪;
* 做一只筏子。

想吃什么直接从海里取。不过,请不要过度捕捞,吃多少,取多少。这些鱼是用鱼枪捕上来的,在火上烤熟了就能吃。

鱼枪

发光的海

浮游生物发光其实是为了警告捕食者。

夜里,海水中闪耀着一片亮光。我后来才发现,这其实是数百万只浮游生物造成的"生物发光"现象。

橡胶吊绳

这根绳子是帐篷的"脊"。

如何用防水布搭个庇护所

1. 找四根木棍、一些绳子、一块防水布或者床单,还有几块石头。

2. 用木棍摆出两个 V 字形支架,并用绳子将顶部绑紧。

3. 在两个支架间绑一根绳子,这根绳子就是帐篷的"脊"。绳子两端需要固定在地上。

注意观察防水布是如何埋进沙子里并被固定的。

防水布

4. 防水布或床单的四个角各包一块石头,然后用绳子系紧。

5. 把(绑上长棍或者石头的)绳子的另一端埋进沙土里,就形成了四根定位绳。

夜里可以将木棍分开一些,把防水布的高度降下来。

探索宇宙

你可能在晚上看到过星星，可是在野外，你将获得整个宇宙。夜空不仅是一个奇迹，还是一个很好的工具。几千年来，人类一直用星星导航，它们曾引导探险家们踏上无数史诗般的旅程，驶向未知的远方。没有比躺在舒适的睡袋里规划下一次冒险更美好的事了。

北斗七星

北极星

虽然肉眼可以看到很多东西，比如北极星和流星，但是一副双筒望远镜可以解锁更多星空的奥秘。

星图

星图将有助于你定位天上的星座。

猎户座大星云

只有在野外，我们才会领略到宇宙的浩瀚和全部意义。

猎户座腰带

在北斗七星（或称大熊座）最后两颗星的延长线上可以找到北极星。

由北斗七星倒数第二颗星向倒数第一颗星画线，朝斗口方向将这条线延长至这两颗星间的距离5倍远的地方，就能看到北极星。

猎户座腰带下的这一小块光晕是猎户座大星云，它是正在产生新恒星的一团巨大气体云。

在北半球观测

银河
这片明亮的巨大"云团"就是我们的星系——银河系，估计有超过1000亿颗恒星分布在其中。

仙女座
这个小小的碟状天体就是巨大的仙女座星系。它包含约1万亿颗恒星，它们发出的光要经过两百多万年才能被我们看见。

陨石或流星
流星体在地球的大气层中燃烧，在天空中产生一道亮光。

在南半球观测

南十字座

在赤道以南找到一个"十字架"。把它最顶端和最底端的两颗星用线（当然是假想出来的）连起来，并把这条线向南延伸。

南天极

将这条线向南延伸到两颗星之间距离约5倍远的地方，南天极就在这里。

木星
在这里，你可以看到木星。那4个较小的天体是伽利略卫星——因为第一次观测到它们的是伽利略。

火星
火星是离我们最近的行星，看看你能不能找到它。有时，你可以用双筒望远镜看见它表面发出的微弱红光。

月亮
你可以用一副双筒望远镜观察月球表面的山脉和陨石坑。这是第谷陨石坑，坑底甚至还有一座约2千米的高山。

第谷陨石坑

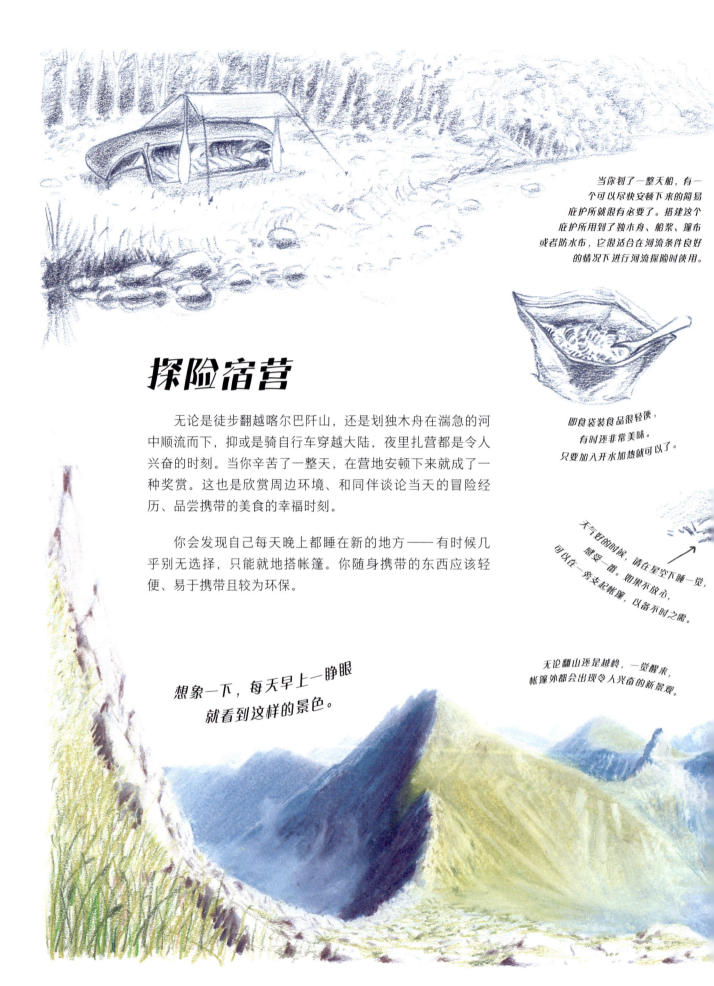

当你划了一整天船，有一个可以尽快安顿下来的简易庇护所就很有必要了。搭建这个庇护所用到了独木舟、船桨、篷布或者防水布，它很适合在河流条件良好的情况下进行河流探险时使用。

即食袋装食品很轻便，有时还非常美味。只要加入开水加热就可以了。

探险宿营

无论是徒步翻越喀尔巴阡山，还是划独木舟在湍急的河中顺流而下，抑或是骑自行车穿越大陆，夜里扎营都是令人兴奋的时刻。当你辛苦了一整天，在营地安顿下来就成了一种奖赏。这也是欣赏周边环境、和同伴谈论当天的冒险经历、品尝携带的美食的幸福时刻。

你会发现自己每天晚上都睡在新的地方——有时候几乎别无选择，只能就地搭帐篷。你随身携带的东西应该轻便、易于携带且较为环保。

天气好的时候，请在星空下睡一觉，感受一番。如果不放心，可以在一旁支起帐篷，以备不时之需。

无论翻山还是越岭，一觉醒来，帐篷外都会出现令人兴奋的新景观。

想象一下，每天早上一睁眼就看到这样的景色。

有些绝佳的探险始于你的家门口,
想一想你可以步行或者骑行去探索的地方。

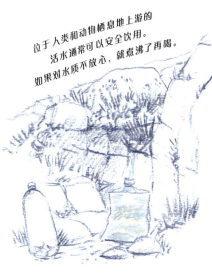

位于人类和动物栖息地上游的
活水通常可以安全饮用。
如果对水质不放心, 就煮沸了再喝。

小贴士:
生命饮管[1]真是一
个了不起的发明。
你用它喝水, 喝进
肚里的是经过过滤
的洁净的水。

发生在印度的盗窃行为,
真是厚颜无耻。

这是在喜马拉雅山脚下的一次骑行探险。
你的骑行装备应该便于携带,
易于安装, 且不容易被乱翻。

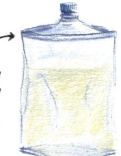

像这样的塑料
盛水袋占用的
空间更小。

这看起来可能像尿,
但它可能是你喝过的
最好的水。

水是任何探险活动
的关键, 有可能的
话, 请在干净的水
源附近扎营。

请不要以溪水的颜色判断水质的好坏。

野外水体的颜色变化

在我翻山越岭和顺流而下的全部记忆里,
烤着篝火处理脚上的水泡的那些宁静夜晚最让我怀念。

一些有用的小贴士:

* 尽可能轻装上阵;

* 提前规划, 对露营地心中有数肯定没错;

* 挑块好地方, 辛苦了一整天, 晚上睡个好
觉弥足珍贵;

* 先扎营, 再整理食物, 如果是集体行动,
大家可以分工合作;

* 记住, 当你过完充满挑战的一天, 大多数
垃圾食品吃起来都会很香。

如果扎营的地方不允许或者没办法就地生火,
用便携煤气炉做饭是最好的办法。

在北极光笼罩之下的第一次探险让我终生难忘。探险的第一天夜里，一片透亮的绿色帷幕笼罩着大地。蓝色和紫色图案在空中缓缓舞动，仿佛一支天上的舞团专为我一个人在表演，这景象迷人极了。

不可思议的图案在天上持续变幻了3个多小时。

炫目的极光其实是由于太阳的高能带电粒子流侠地球高层大气分子或原子激发或电离而产生的。

希望有朝一日，
你也能来这儿体验一下
脖子上的汗毛根根竖起的感觉。

在丛林里，砍刀是你最好的朋友。我甚至曾潜入水底去打捞不慎掉入水中的砍刀，因为我知道如果没有它，我们会遇上大麻烦的。

生存大本营

在一次探险中，我们的独木舟翻了，一个装满补给和装备的背包被急流冲走了。只剩下吊床、水壶、几件衣服、一把砍刀和急救包。建立一个生存大本营并清查存货的时候到了。

你肯定不愿意住进这样的野外营地，但在没有补给的情况下，你可以给自己定个目标：至少保证有庇护所，还有水、火和食物。想要生存下来，这四个要素意味着一切。

庇护所

独木舟虽然沉了，但我们还算幸运，救起了吊床和篷布。当务之急是搭个庇护所。

一天晚上，这只亚马孙巨人食鸟蛛落在我的旅伴身上（他睡觉的时候头顶上没有篷布）。他和蜘蛛都受到了惊吓，所幸没人受伤。

吊床是丛林探险理想的庇护所。它悬挂在两棵树之间，不但能让你远离地面和树冠上的动物，还能让你不被雨水浸泡。要是能挂个蚊帐，这个吊床就堪称完美了。

水

不喝水的话你只能坚持一两天。去找找河流、小溪，甚至水坑吧。这些地方的水必须被净化或者煮沸后才能饮用。一般来说，只有雨水和一些山涧溪流的水是可以直接饮用的。

小贴士：净水药片或药水也可以用来处理水源，供人安全饮用。

在树枝做成的长杆上
绑一根长绳，把绳子
在杆头处打个活结做成
套索，就能把鳄鱼的嘴
巴牢牢套住。

我在斯里兰卡与鳄鱼有过一次亲密接触。
我们费了好大劲才抓住并杀死了这条鳄鱼。
它的味道不怎么样，有点儿腥，但考虑到
我们的处境，这无疑是我一生中最美味的一餐。

火

无论是烧水、做饭还是
取暖，火都是必不可少
的。在救生宝盒里装上
生火装置可以帮你跳过
漫长的生火过程。

食物

在一个小潟湖的岸
边，我们打着手电
筒，用临时制作
的套索捕捉了
这条鳄鱼。

如何制作救生宝盒

这个小小的救生宝盒几乎包含了你在野外生存中所需要的一切。当然，你可以按照自己的想法装满它，但这里列出的一些必需品一定不能少。

我们的独木舟翻了，装备被急流冲走以后，这个救生宝盒让我们挺过了好几天……它也许救了我们的命。

一个好的救生宝盒必须足够小，能让你随身携带。装糖果或者含片的盒子就很好用。

导航与通信

纽扣指南针：任何探险活动的必备工具。

实际尺寸

12毫米

小贴士：
如果迷路了，趁着记忆还算清晰粗略地画一张带地标的地图。

防水纸：可以在一面写下所有紧急联系人的姓名和电话。

铅笔头

紧急代码：每隔30秒用力吹三声。

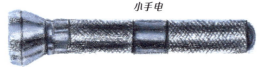

小手电

应急口哨：别忘了系上挂绳。

晚上，手电的光束可以引起别人的注意，是很好的求救手段。白天，用镜面反射太阳光也可以起到相同的作用。下面的莫尔斯电码将帮你拼出你想说的话。

小镜子

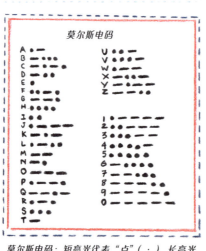

莫尔斯电码

把镜面反射的光线指向潜在的救援人员（可以用两根手指定位）。

莫尔斯电码：短亮光代表"点"（·），长亮光代表"划"（一）。

生火工具

好用的刀片

卷笔刀：紧急情况下，削下来的铅笔屑可用来引火。

蜡烛头

蜡可用来引火

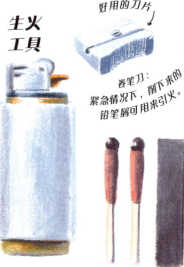

小打火机：防水且缠了胶带。

防风火柴：可在任何场合点燃。

打火棒[2]

撞片

带上口香糖的 3 个理由：

* 可用来生火——剪一条口香糖的银色包装纸，用它把手电筒里的电池两端接通，就能用来点火；
* 可以把口香糖捏成虫子的形状，很合适做鱼饵；
* 嚼起来让人很舒服——这在求生状态下十分管用。

急救

医用胶带

安全别针

用安全别针做成的应急鱼钩。

小贴士：记得卷一些纸币放到救生宝盒里。你永远也想不到它们什么时候会派上用场。

渔具

鱼线：使用能承受 10~20 磅（约合 4.5~9.1千克）重量的线。

鱼钩

铅坠

净水药片：获取饮用水的好办法。

拟饵（仿真鱼饵）：被牵着在水里"游"，伪装成一条小深水鱼。

这是一套装了鱼饵的简易钓具。鱼漂可以找一根小木棍代替。

钉子：可以固定在树上。

钉子也可以做成狩猎用的矛尖。

小贴士：用胶带把盒盖封上就可以防水。

大号马口铁盒的其他用途

烧水

挖虫子

煮饭

其他工具

钢丝锯

把一根刚折下来的树枝弯成弓形，将树枝两端插进钢丝锯两端的圆环里，就可以做出一把锯。

伞绳

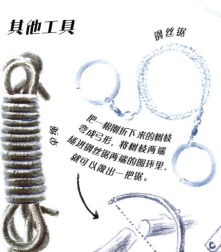

多功能小折刀：理想情况下，它应该包含刀、锯以及开瓶器或者剪刀。

多用途小工具：也是个很好的选择。

锡纸：在救生宝盒底部或盖子上平铺一层锡纸，以备不时之需。

把带凹槽的石头垫上锡纸就能做个喝水的杯子……

还能做成反光板，发出求救信号。

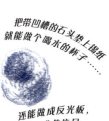

刀

刀是一种必不可少的工具，使用时要格外小心。有了刀，你不但可以削出一堆引火物，还能打出火花把它们点燃。用刀还可以做出很多工具：吃饭用的勺子和碗，打猎用的弓、箭和矛。不论是搜集食物还是处理猎物，有一把刀就够了。要是你被绳索缠住了，刀还能救你于危难之中。在野外，一把好刀是你能携带的最有用、最重要的工具。

用刀的安全事项：

* 钝刀其实很危险，因为它们在切割时会打滑，所以请让你的刀刃保持锋利；
* 请把刀合上或放入刀鞘再递给别人；
* 一定要知晓何时何地需要携带刀具；
* 用刀时，始终朝着远离身体的方向发力。

单手持刀，刀柄冲外，刀刃背对着掌心。

误伤区域：时刻留意刀具的安全使用区域。伸直手臂，持刀画弧。弧线内是刀具可能伤人的危险区域。使用刀具时，误伤区域内尽量不要有其他人。

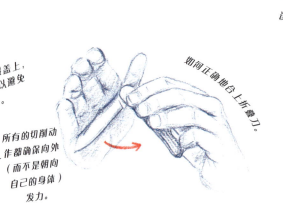

安全的用刀姿势

削木头时，请坐下来，把手肘放在膝盖上，这个姿势可以避免刀碰到身体。

所有的切削动作都确保向外（而不是朝向自己的身体）发力。

紧握刀柄和木棍。

如何正确地合上折叠刀。

探险者们请注意：

* 不要炫耀刀具；
* 千万不要拿刀指别人；
* 永远不要把它们带到禁刀的地方；
* 走路的时候不要携带没合上或者没有刀鞘保护的刀具；
* 尊重并善待刀具。

户外刀具

在户外，你需要一把出色的全能刀具——不太大也不笨重，但足够结实且用途广泛。根据我的经验，刀片固定的丛林刀或折叠刀是理想的选择。

丛林刀用途广泛，非常适合切割、砍伐和处理食材。

手柄是传统的北欧设计。

这个护手刀柄可以防止打滑，避免刀刃伤手。

丛林刀

丛林刀的刀身不能折叠。

有些丛林刀的刀鞘可以挂在腰上。把刀插回刀鞘时要格外小心。

折叠刀

这种结实但轻便的刀具可以折叠起来放进口袋里。

刀身可折进手柄内。

刀身折叠后可以锁定。按此处可弹出刀片。

多功能小折刀

多功能小折刀也是探险家的备选刀具。它包含的多种工具可以满足很多场景的使用需求。虽然设计巧妙的工具不少，但你能用上的其实就那么几样。

主刀可用于切割。

削皮刀

开罐器

精修刀

锯条

多功能小折刀折好后很适合放入救生宝盒。

这种重要的工具有很多用武之地。

这是我以前用刀做的一个临时烛台。即便在野外，我也喜欢营造一些氛围。

生火

1. 用刀身敲击燧石，产生火花。

2. 棉绒等可燃物会被点燃。

燧石或石英等石头被敲击能产生火花。

切割

带齿的刀刃很适合切割绳索——这在野外很有用。

可以用刀削出非常实用的木制鱼叉。

开膛破肚

可以用刀剔除鱼的内脏，还可以处理其他食材。

野生动物

这只蝎子狠狠地蜇了我一下，我需要"安抚"它一下，于是这把刀就派上了用场。

隐蔽的营地

　　我曾有过在私人领地或者不利环境中扎营的经历。这张图展示了我是如何只用帐篷收纳袋（能防水，可以套在睡袋外面）和背包（已经打好包，可以说走就走）露营的。如果你需要"秘密"扎营，我整理的这些技巧和窍门应该能帮到你。

和其他任何类型的营地一样，永远不要留下痕迹—— 离开之前请把一切清理干净。

秘密扎营的小窍门：

* 晚点儿去，先找好露营点，天快黑了再去扎营；
* 务必选择远离道路的隐蔽地点；
* 清理营地，天一亮就离开；
* 等上路了再吃早饭；
* 记住，如果你看见了别人，他们也能看到你。

这些东西会暴露你的行踪：

* 手电筒和头灯；
* 火光和烟雾；
* 颜色鲜艳的帐篷和衣物；
* 噪声—— 谈笑声和鼾声；
* 移动—— 如果背着光，你的轮廓在天空的映衬下会格外明显；
* 熟食的气味。

伪装：
尽可能与周围环境融为一体。

穿上与周围环境颜色相近的衣服。

帐篷收纳袋：
卷起来很小。

记得把帐篷收纳袋套在睡袋外面。

睡袋的内胆是防水的，很适合睡在星空之下或者秘密扎营。

若有必要，可将帐篷搭在茂密的树叶底下（但雨天并不适合）。

试着遮挡帐篷的轮廓。

用定位绳固定帐篷并捆住杂草和树枝。

遮住帐篷上的反光条。

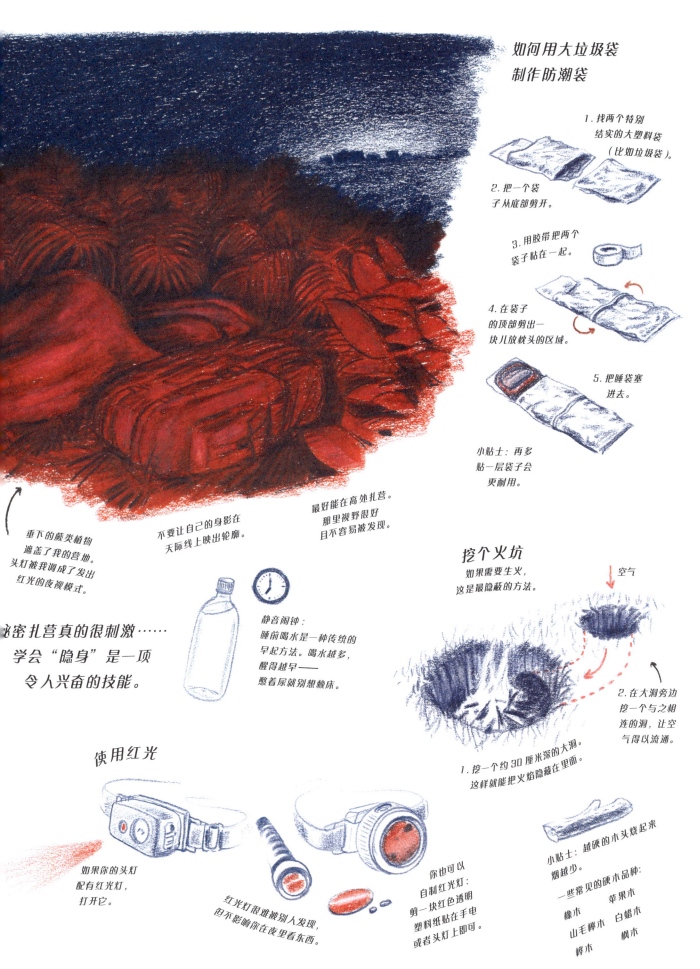

如何用大垃圾袋制作防潮袋

1. 找两个特别结实的大塑料袋（比如垃圾袋）。

2. 把一个袋子从底部剪开。

3. 用胶带把两个袋子粘在一起。

4. 在袋子的顶部剪出一块儿放枕头的区域。

5. 把睡袋塞进去。

小贴士：再多贴一层袋子会更耐用。

垂下的蕨类植物遮盖了我的营地。头灯被我调成了发出红光的夜视模式。

不要让自己的身影在天际线上映出轮廓。

最好能在高处扎营。那里视野很好且不容易被发现。

秘密扎营真的很刺激……学会"隐身"是一项令人兴奋的技能。

静音闹钟：
睡前喝水是一种传统的早起方法。喝水越多，醒得越早——憋着尿就别想赖床。

挖个火坑

如果需要生火，这是最隐蔽的方法。

空气

1. 挖一个约 30 厘米深的大洞。这样就能把火焰隐藏在里面。

2. 在大洞旁边挖一个与之相连的洞，让空气得以流通。

使用红光

如果你的头灯配有红光灯，打开它。

红光灯很难被别人发现，但不影响你在夜里看东西。

你也可以自制红光灯：剪一块红色透明塑料纸贴在手电或者头灯上即可。

小贴士：越硬的木头烧起来烟越少。

一些常见的硬木品种：

橡木　苹果木
山毛榉木　白蜡木
桦木　枫木

规划你的探险之旅

你可能已经想好了要建什么样的营地，但还有些事情需要提前考虑。

有条件的话，调研一下本地的乡村，或许能找到好的露营地。

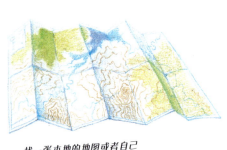

找一张本地的地图或者自己画一张，然后开始制订计划。

* 你想要哪种类型的探险？想体验什么？想和谁一起去？
* 问问你的家人、朋友、喜欢探险的邻居，看他们是否知道适合你的地方；
* 研究一下你所在的地区或更远地方的地图；
* 如果就在本地露营，那就去乡下找一个好地方探索一番；
* 找成年人帮你组织和策划。

图例：

- 路线
- ▲ 露营点
- 林地／树林
- ⋯⋯ 小径
- 河流
- 泥塘

1 千米

步入荒野的 3 种途径

荒野线：一旦越过这条线，你就进入了荒野地带。

荒野地带　人类活动区域

林地

你可以低调地探索（比如用前文提到的秘密扎营的方式），找一处僻静的露营地；也可以征求土地所有者的许可。

公路

牧场

农场

旷野

小径

河流

泥塘

旷野

从家里出发

你不龙到天涯海角去露营。如果你家离郊外不远，就可以经常从家里出发，到树林和田野里去露营。这很容易做到，不需要详尽且周密的计划，还能享受到让人兴奋的探险之旅。

骑上自行车，更深入地探索大自然。

获得私人土地所有者的许可：

* 给当地农场主或土地所有者写信；
* 直接上门询问；
* 给他们一些回报，例如在农场帮工或者一张日落的照片作为礼物；
* 发挥你的想象力。

寻找野外露营地通常是野外露营探险的最佳起点。

海边的沙丘是潜力巨大的露营地。

睡醒后可以
在海里畅游。

最好能找到适合生起篝火
或者挖火坑的露营地。

野外露营地

野外露营地有很多。有些是规划齐整、设施完备的露营点，
但有点儿过于清静了。还有一些是野味更浓的指定露营区，
往往是国家公园中开阔平坦的空地。
提前做点儿功课，找一处适合你的露营点。

在这里，你只能完全依靠自己。
这也是探险的意义所在。

* 做好功课，许多地方都允许有责任心的人进
行野外露营；
* 在偏远地区，很多事通常没有其他的选择；
* 开车、乘火车、骑自行车、划独木舟等，
去野外的方法有好多种；
* 如果可以开车去，就能携带更多东西；
* 要是有可能的话，请用两晚甚至更长的
时间体验野外探险的乐趣。

深入荒野

真正的野外露营需要独辟蹊径，
在偏远的地方找到一处适合你的露营点：
可能在山区，可能在森林深处，也可能在海边。
离文明越远越好。请充分准备，
并带上所有必要的东西——
所有付出都是值得的。

不要羞于向农场主或土地所有者征求露营许可。
他们中的很多人都深爱着自己的土地，
并希望年轻人也能来领略一番。

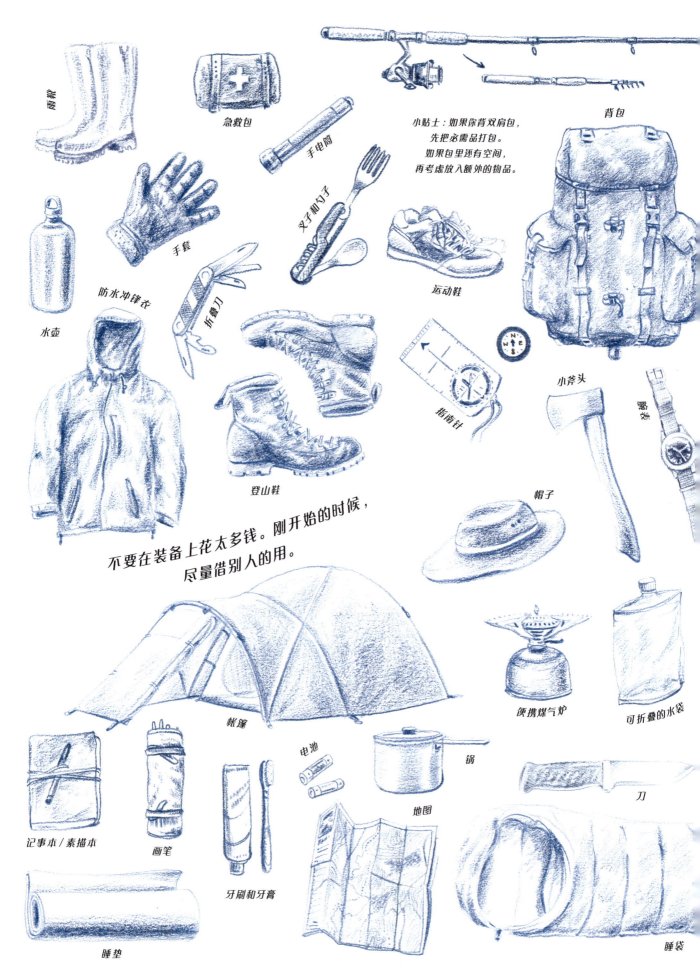

雨靴

急救包

手电筒

叉子和勺子

背包

小贴士：如果你背双肩包，
先把必需品打包。
如果包里还有空间，
再考虑放入额外的物品。

手套

水壶

防水冲锋衣

折叠刀

运动鞋

指南针

小斧头

腕表

登山鞋

帽子

不要在装备上花太多钱。刚开始的时候，
尽量借别人的用。

帐篷

便携煤气炉

可折叠的水袋

记事本/素描本

画笔

电池

锅

地图

刀

牙刷和牙膏

睡垫

睡袋

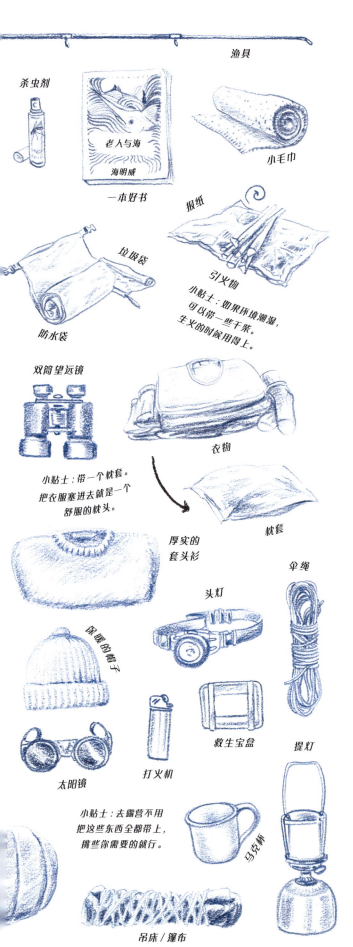

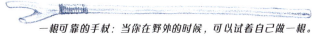
一根可靠的手杖：当你在野外的时候，可以试着自己做一根。

野营装备

这是我在野外露营时携带的一些装备。你需要带哪些东西，取决于你要去什么地方，那里的自然环境、天气状况和温度，以及你的行动计划。一次成功的露营探险只需带上我列的部分装备即可，但别把必需品落下了。

清单

核心物品：

* 背包；
* 帐篷；
* 睡袋；
* 睡垫；
* 防水袋或大垃圾袋。

露营地必备：

* 头灯或手电筒；
* 备用电池；
* 水壶 / 水箱和水；
* 备用的水壶；
* 刀具；
* 牙刷和牙膏。

饮食与烹饪：

* 充足的食物；
* 美味的零食；
* 煤气炉 / 煤气罐——由成人负责保管并指导使用；
* 炊具和厨具；
* 打火机和备用火柴；
* 挖火坑的材料；
* 塑料碗或金属碗；
* 塑料杯或金属杯；
* 刀、叉和勺子。

导航装备：

* 指南针；
* 精准的地图；
* 地图防水套（在潮湿的天气中使用）。

衣物和鞋：

* 防水冲锋衣；
* 保暖的抓绒衫、带内衬的棉服或厚实的套头衫（冷的话就多带一套）；
* 合身的衣服（请带足量）；
* 备用的裤子和袜子；
* 小毛巾；
* 靴子或登山鞋（多雨的天气尤其需要）；
* 合适的运动鞋或凉鞋；
* 保暖的帽子和手套——晚上可能会很冷；
* 遮阳帽；
* 太阳镜。

生存必需品：

* 急救包；
* 口哨；
* 个人药品；
* 驱虫剂；
* 救生毯；
* 救生宝盒；
* 紧急情况下 / 有用的电话号码；
* 防晒霜。

额外物品：

* 篷布、吊床或帐篷收纳袋；
* 煤气灯或手提电灯；
* 可生物降解的肥皂；
* 伞绳；
* 一本好书；
* 动物识别指南；
* 双筒望远镜；
* 渔具；
* 泳装；
* 记事本和素描本；
* 小斧头。

一定要在天黑之前把帐篷搭好并整理舒适。

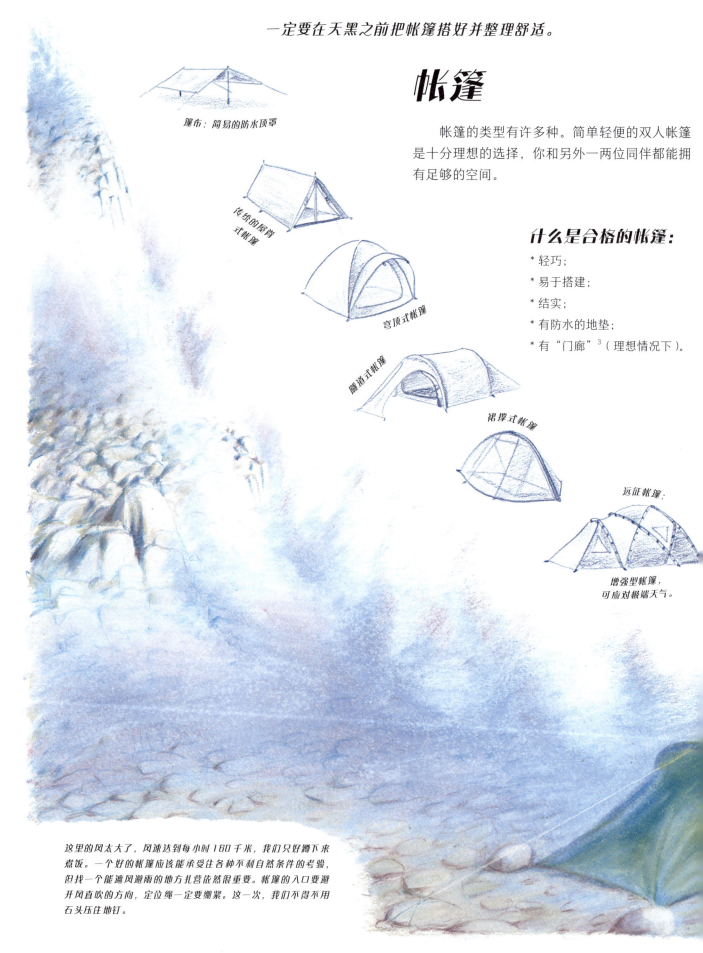

篷布：简易的防水顶罩

传统的屋脊式帐篷

穹顶式帐篷

隧道式帐篷

裙撑式帐篷

远征帐篷：

增强型帐篷，可应对极端天气

帐篷

帐篷的类型有许多种。简单轻便的双人帐篷是十分理想的选择，你和另外一两位同伴都能拥有足够的空间。

什么是合格的帐篷：

* 轻巧；

* 易于搭建；

* 结实；

* 有防水的地垫；

* 有"门廊"[3]（理想情况下）。

这里的风太大了，风速达到每小时 160 千米，我们只好蹲下来煮饭。一个好的帐篷应该能承受住各种不利自然条件的考验，但找一个能遮风避雨的地方扎营依然很重要。帐篷的入口要避开风直吹的方向，定位绳一定要绷紧。这一次，我们不得不用石头压住地钉。

如何搭建双人帐篷

每个帐篷都配有说明书，请仔细阅读。

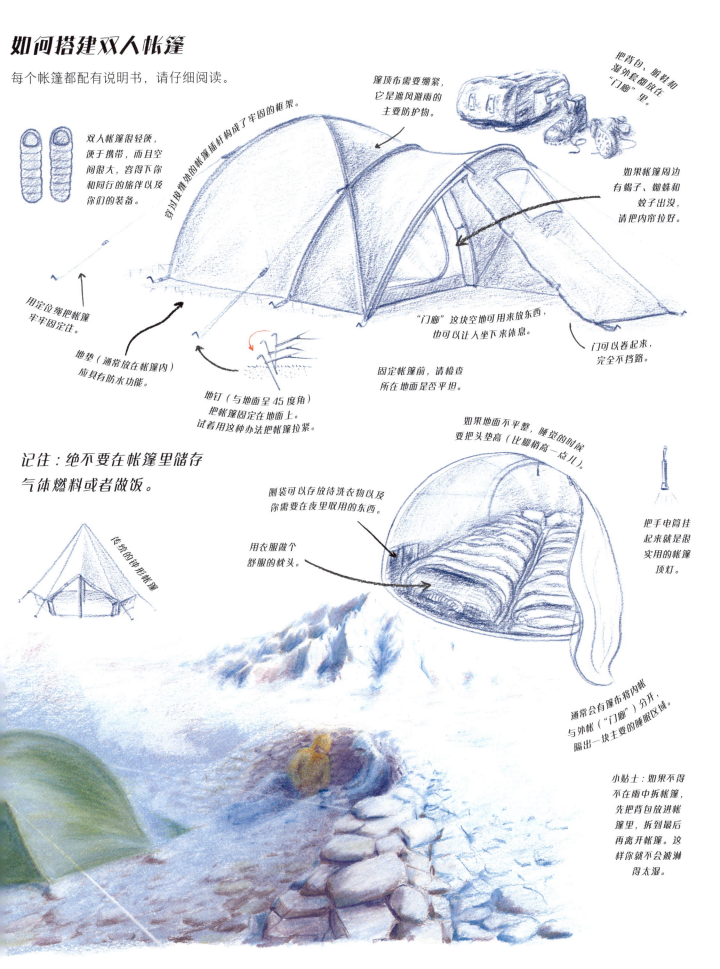

双人帐篷很轻便，便于携带，而且空间很大，容得下你和同行的旅伴以及你们的装备。

穿过接缝处的帐篷插杆构成了牢固的框架。

篷顶布需要绷紧，它是遮风避雨的主要防护物。

把背包、脏鞋和湿外套都放在"门廊"里。

如果帐篷周边有蝎子、蜘蛛和蚊子出没，请把内帘拉好。

用定位绳把帐篷牢牢固定住。

地垫（通常放在帐篷内）应具有防水功能。

地钉（与地面呈45度角）把帐篷固定在地面上。试着用这种办法把帐篷拉紧。

"门廊"这块空地可用来放东西，也可以让人坐下来休息。

门可以卷起来，完全不挡路。

固定帐篷前，请检查所在地面是否平坦。

记住：绝不要在帐篷里储存气体燃料或者做饭。

传统的钟形帐篷

如果地面不平整，睡觉的时候要把头垫高（比脚稍高一点儿）。

侧袋可以存放待洗衣物以及你需要在夜里取用的东西。

用衣服做个舒服的枕头。

把手电筒挂起来就是很实用的帐篷顶灯。

通常会有篷布将内帐与外帐（"门廊"）分开，隔出一块主要的睡眠区域。

小贴士：如果不得不在雨中拆帐篷，先把背包放进帐篷里，拆到最后再离开帐篷。这样你就不会被淋得太湿。

选择露营地

　　找到一处好的露营地是每个探险者都喜欢做的事。随着经验的积累，你甚至会产生第六感，扫一眼眼前的风景或者地图就能确定下来想选的地点。有时你的选择相当多（就像下面的场景），有时则比较为难。必要的知识储备和悉心规划可以让你成功选定野外露营地。

露营点必备要素：

* 平整、开阔的地面；
* 避风；
* 靠近水源（如有必要）；
* 远离山洪、径流或落石等危险；
* 避开雨水聚集形成的地面凹陷或水洼；
* 远离有毒的树木；
* 避开有奶牛的草场。

利用山坡来挡风。→

不要辜负了好风景，尽情享受吧。

寻找平坦开阔的地面。
避开落石或积雪，远离悬崖和峡谷，
躲开有毒的树木，当心蚁穴或蜂巢。

避开沼泽、洼地和溪谷等
可能会聚集雨水的地方。

如果有风，请在背风处搭帐篷，
并在帐篷之间留出足够的空间。

临水扎营的注意事项：

* 先评估一下水体是否会给扎营带来隐患；
* 在高于水位线的地方扎营；
* 躲开可能会有山洪的地方；
* 避开鳄鱼和河马栖息的河流与湖泊。

蚊子和其他虫子

小贴士：蚊虫通常
怕风和烟，也不喜
欢在高地活动。

在蚊子和蠓虫繁殖的季节，应尽量避免在河流附近扎营。
给自己身上喷点儿驱虫剂，把帐篷门关紧。最后，祈祷它们能口下留情。

花点儿时间，仔细挑选你要扎营的地点。不要太挑剔，但也不要太随意。为了晚上睡个好觉，这是绝对值得的。

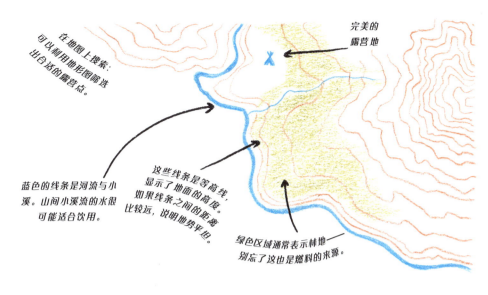

在地图上搜索：可以利用地形图筛选出合适的露营点。

完美的露营地

蓝色的线条是河流与小溪。山间小溪流的水很可能适合饮用。

这些线条是等高线，显示了地面的高度，如果线条之间的距离比较远，说明地势平坦。

绿色区域通常表示林地——别忘了这也是燃料的来源。

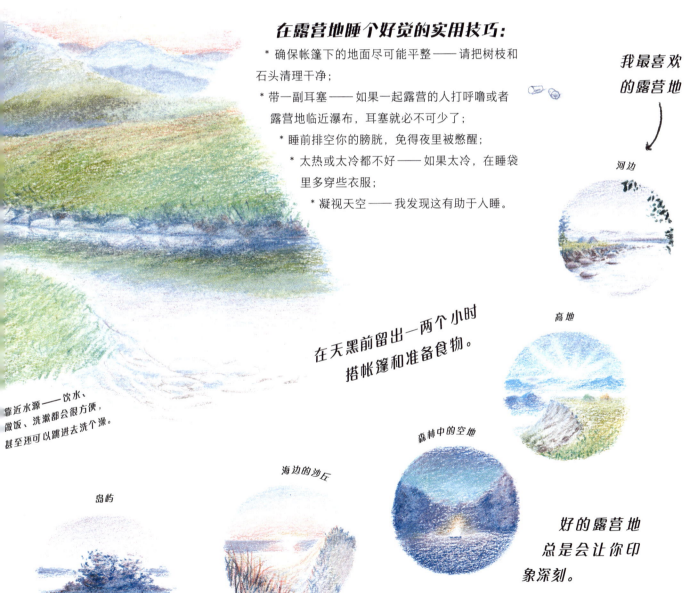

在露营地睡个好觉的实用技巧：

* 确保帐篷下的地面尽可能平整——请把树枝和石头清理干净；
* 带一副耳塞——如果一起露营的人打呼噜或者露营地临近瀑布，耳塞就必不可少了；
* 睡前排空你的膀胱，免得夜里被憋醒；
* 太热或太冷都不好——如果太冷，在睡袋里多穿些衣服；
* 凝视天空——我发现这有助于入睡。

我最喜欢的露营地

河边

在天黑前留出一两个小时搭帐篷和准备食物。

高地

森林中的空地

靠近水源——饮水、做饭、洗漱都会很方便，甚至还可以跳进去洗个澡。

海边的沙丘

岛屿

好的露营地总是会让你印象深刻。

微弱的火星在枯枝之间传递……最终汇集成火苗。
薄薄的烟雾在潮湿的苔藓和树叶上缭绕。

火焰嘶嘶作响，刚刚冒出的火苗噼噼啪啪地冲向夜空。
这种迷人的景象我经历过很多次，它从不曾让我失望。

生火

在野外为自己生火取暖，这是对自己的丰厚奖赏。这里有一些关于如何生火、在哪里生火以及安全用火的基本知识。

如果条件允许，为什么不在家里的花园练练手，生个小火堆试试呢？

自己生火

1. 多收集些枯枝，备足烧一晚上的量。一定要找干燥的枯枝，不能是潮湿的。

找些更粗的树枝（和胳膊一样粗）来维持火势。

可以收集些拇指宽的小树枝来点火。

还需要多找些引火物，把火生起来。

在哪里生火：

* 找一片开阔且平坦的区域；

* 远离帐篷和树木；

* 小心不要被树根或岩石绊倒；

* 如果有风，请在营地的下风向生火；

* 在避风的洼地或者没风的地方更容易点着火，火势也更好控制。如果有必要，生火前可以先挖一个浅坑。

火堆一定要有人照看，切勿让火自己烧一整夜。

2. 根据火堆的大小，用石块围一个圈。

不要用鹅卵石或者从水里捡起来的湿石头，它们遇火可能会爆炸。

3. 把你收集的引火物堆成鸟巢的形状。

干燥的小树枝很容易点着。

引火物：很多干燥的东西都可以用来引火。

干松果

松针

干草

小树枝

干树叶

报纸

棉绒

薯片

自行车内胎

干燥的动物粪便

多孔菌

小贴士：润唇膏和凡士林可以让引火物更容易被点着。

桦树皮

把干燥的棍子一端削一削就能做成便携的引火物。

把棍子支在圆木或者地上。用刀贴着棍子从上往下削。小心，不要让刀伤着自己。

用打火棒把末端的木头卷点着。

缺水的情况下可以
用沙子或土灭火。

用火的禁忌:

* 千万不要在禁止用火的地方生火;
* 不要在特别干燥炎热的情况下生火,火星落
  在草地或树木上可能引起火灾;
* 生火时请照看,睡觉时请灭火;
* 避开高悬在头顶的树木,比如桉树。

手边常备一些
用来灭火的水。

如何用湿木头生火

干燥的木材有时很难找。这时,可以先找相对干
一些的木材,再收集好引火物。

一点点把火慢慢烧起来。一旦火着起来,就会慢
慢把火焰周围的湿木头烤干。

找一根合适的木棍帮你控制火势

6.等火着起来再添
一些干燥的树枝。
之后还要根据火势
时不时加把柴火。

4.把树枝搭成锥形
的帐篷形状,

留出空隙让
火焰呼吸。

小贴士:火苗越烧
越旺,把你准备好
的引火物和小树枝
都加进去。

5.用点火工具把引火物点燃。
要是火灭了,可以轻吹(或扇动)
余烬让火焰复燃。

火堆旁备一些水或沙子。
切记,睡觉时一定要把火熄灭了。

点火工具

有可能的话,请带上
救生火柴。它是防水
的,几乎在任何地方
都能点着。

我还会随身带着
打火机作为备用。

打火棒

撞片

打火棒可以
打出火花。

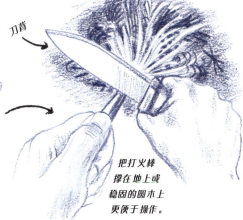

刀背

把打火棒
撑在地上或
稳固的圆木上
更便于操作。

用刀背或者撞片
向下击打打火
棒,就可以产生
火花。调整打火
棒的倾斜度以承
受更猛烈的撞
击。重复这一过
程,直到引火物
被点着。你可能
还需要轻轻吹
气,帮助火苗重
新燃起。

用石头垒成锁孔形状。
当火足够大的时候，把烧红的炭丢进去。

直接在长原木上生火
做饭是另一种选择。

"锁孔"火堆

一定不要用火焰做饭，而要用烧红的炭。
为此，一开始需要在篝火旁
建一个单独的烹饪区域。

用拨火棍把新鲜的红炭
小心拨到烹饪区域。

篝火大餐

野外露营避免不了要在野外做饭。准备食材并在篝火或者煤气炉上烹制食物的过程，其实是许多探险活动的重要组成部分。只要一点儿计划、一点儿想象，再加很少的一点点努力，你就能享受到生命中最美味的食物。

烧热的锅端起来
要格外小心。

煤气炉
如果没有篝火，也可以用便携煤气炉做饭。这种炉子轻便、快捷，操作简单……很适合探险营地使用。

实用工具
处理食材、烹饪食物以及分享食物和饮料，都离不开这些关键的工具。

根据同行的人数
选择合适的炊具。

刀：处理
食材必备

叉子和勺子

不易碎的马克杯

用来搅拌的木棍

使用煤气炉时一定
要有成年人在场。

带盖的烹饪锅就很不错。

不易碎的碗或碟

切菜的板子

飞盘就很好

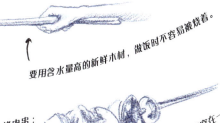

理想的烹饪手杖：
又细又长，而且不太弯。

如果手杖一端有分叉，
将会给你更多的烹饪选择。

要用含水量高的新鲜木材，做饭时不容易被烧着。

用棍子做饭

这是一种有趣且简单的在篝火
上做饭的办法。

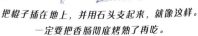

篝火烤香肠：

1. 好好找一下，找到一
根一端分叉的木棍，
串上几根香肠。

2. 切记，用烧红的炭而不是明火烤香肠。别忘了翻面。

把棍子插在地上，并用石头支起来，就像这样。
一定要把香肠彻底烤熟了再吃。

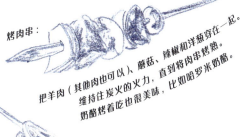

烤肉串：

把羊肉（其他肉也可以）、蘑菇、辣椒和洋葱穿在一起，
维持住炭火的火力，直到将肉烤熟。
奶酪烤着吃也很美味，比如哈罗米奶酪。

在篝火上烤鱼
只需要一根棍
子就够了。

棍子上的小分
叉可以防止
鱼滑落。

烘焙

在火上做烘焙是极为美妙的事情。用锡纸
可以做一个临时烤箱。把食材用锡纸简单
包一包，就可以放进滚烫的炭火中。

火烤土豆：

需要烤制 45 分钟~1小时。
土豆周围要堆满红炭。

火烤巧克力香蕉：需要烤制 10 分钟。

火烤玉米：

直接把带叶子的玉米丢进炭火中，
直到它完全变黑。把叶子剥掉就可以吃了。

篝火烤面包

在火上烤面包很容易。下面是我在野外使用
的两种简单有效的方法。

面团

碗、锅或袋子都
可以用来和面。

1. 将一杯自发粉与一
大撮盐和糖混合。

2. 加半杯水，用手反复揉搓，
直至形成不黏也不碎的面团。

面饼

1. 把一小团面压成扁圆形。

2. 把面饼摊在篝火旁被烧烫的光滑石头上，
烤至金黄色。也可以在炭火上用平底锅烙面饼。

夹上烤好的香肠或
其他馅料就是一顿
美味佳肴。

面包卷

1. 把面团分成
小块。

2. 把它们搓成 15~20 厘米
长、拇指宽的面条。

3. 把面条缠在棍子上，
再将两端都掖进面卷里，
这样面卷就不会松开了。

4. 在炭火上烤大约 5~10 分钟，
直到它变成淡棕色。

5. 待面包卷冷却下来，
小心地把它从棍子上取
下来。如果你带了果酱，
配在一起吃味道好极了。

赌上性命的大餐

在真正的野外探险过程中，你一定会遇到各种各样的食物。这是迄今为止最让我难忘的两顿饭。请不要在家里尝试吃这些东西。

有一次在巴西，我把蜘蛛用木棍穿起来，用篝火烤着吃了——口感酥脆，嚼起来很像花生酱。

实际大小

火烤亚马孙巨人食鸟蛛

蛆 —— 刚从死野猪身上取出来的

蛆其实并没有想象中那么糟糕。我饿得可以把它们生吞进去，不过用平底锅煎一煎会更好吃。

这双临时的筷子让我觉得好像是在吃会蠕动的米饭。多少有点儿文明人的样子了。

真正的饥饿是治疗挑食的绝佳办法。这确实治好了我的挑食。

何用桦树做一只碗

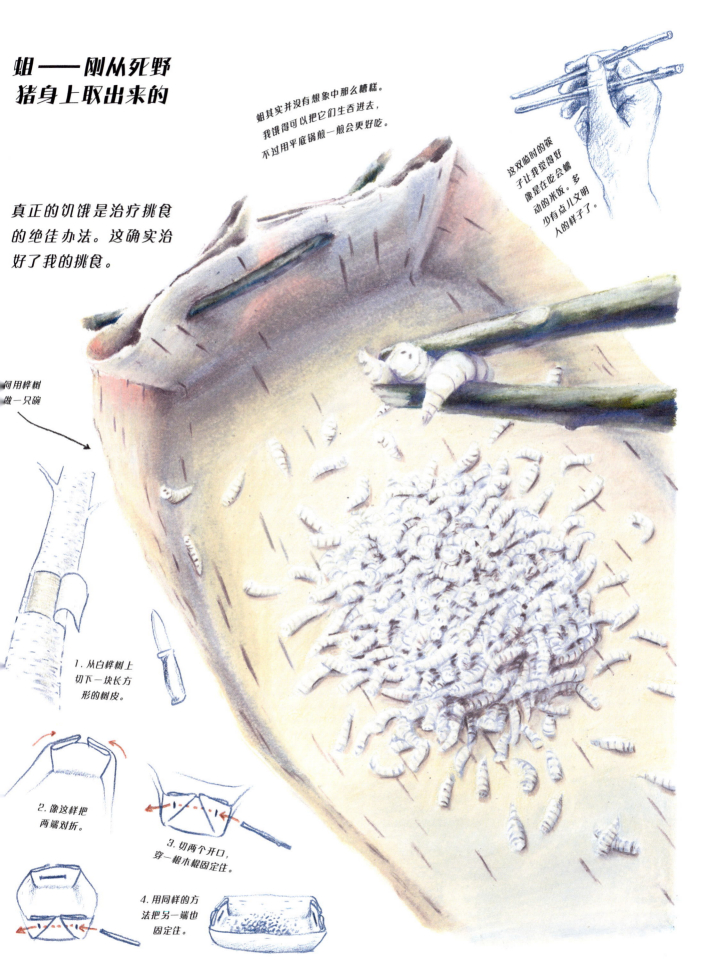

1. 从白桦树上切下一块长方形的树皮。

2. 像这样把两端对折。

3. 切两个开口，穿一根木棍固定住。

4. 用同样的方法把另一端也固定住。

在野外方便

在野外上厕所的一切注意事项都在这里了。

这像是一个古老的仪式，每个探险家都必须经历。

选个好地方：

* 人迹罕至，远离道路和营地；
* 阔叶树木和植被充足；
* 石头和圆木可以当作坐便器；
* 位于营地的下风向，且离任何水源至少 100 米远。

完美的方便地点……选择太多了。

事先摘一把新鲜干净的叶子，使用方法和卫生纸一样。

叶子：野外多数大叶子都很好用，无论是地被植物的叶子还是树叶。

毛蕊花叶子：非常柔软，质地良好。

用什么擦屁股？
怎么擦？

一定要在方便之前把擦屁股的东西准备好。

悬铃木叶：树叶很大。

又大又宽的叶子是首选。

紫菀叶：宽大且有纹理。

用毛面还是光面……你自己决定吧。

15~30 厘米

既不会太光滑又没有刺。

酸模叶：

还可以用来擦拭被荨麻刺痛的皮肤。缺点是可能不太结实。

千万别碰！

可生物降解的厕纸或纸巾很实用，但是大自然提供了它自己的环保解决方案。

毒葛：

有些地方会生长着这种有毒植物，误用或乱小心触摸到都会给人带来极大不适。

寄生虫：在雨林环境中，请检查树叶底部有没有水蛭。

小贴士：把里面的硬纸筒拆掉可以节省空间。

纸巾

安全起见，请远离所有叶子由三片小叶组成的植物。

蛇：把石头或原木当坐便器是个好主意，但一定不要坐在蛇身上。

新鲜的长草叶：
一个不错的选择。

把草折起来就能用。

雪：我的最爱，擦得很干净。

玉米：
干玉米皮
也很好用。

木棍：随处可见，
是个不错的备选。

顺着这个方向擦。

使用光滑的、
较为平整的石头。

使用光洁、圆润的木棍。
记得把树皮剥掉再用，
否则屁股会很不好受。

泥炭藓：林地的石头、
树木和地上都可能找到它。

石头：随处可见，找些干净的就行。

这种苔藓也可以用
来包扎伤口，有利
于促进伤口愈合。

苔藓质地柔软，用起来很舒服。
如果不多就省着点儿用。

如果可以的话，请登高方便——
在美景中方便真是
一种无与伦比的极致体验。

姿势

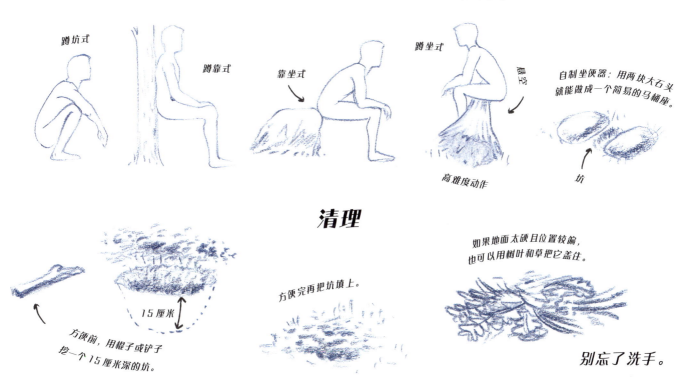

蹲坑式

蹲靠式

靠坐式

蹲坐式

悬空

高难度动作

坑

自制坐便器：用两块大石头
就能做成一个简易的马桶座。

清理

方便前，用棍子或铲子
挖一个15厘米深的坑。

15厘米

方便完再把坑填上。

如果地面太硬且位置较偏，
也可以用树叶和草把它盖住。

别忘了洗手。

如何搭一个梯皮[4]帐篷

3. 把其余的木棍和三脚架的顶端绑在一起。

2. 先把3根棍子绑在一起，形成一个三脚架。

用三脚架编结绑棍子

← 2~3 米

1. 找8根（或更多）长木棍。竹竿也很好用。

为入口留出足够的的把木棍插进地里让支架更牢固。

4. 用一张大床单把帐篷支架包起来，如果有必要，可以用两张床单。

用晾衣夹或票据夹床单固定在帐篷支架

在花园露营

有时候，你不需要走太远就可以体验到野外露营的乐趣。温暖的夏夜，当花园被星空笼罩，生起篝火做顿饭就能让你产生离家千里的错觉。这可能不是真正的荒野，但这些体验再加上几只夜行动物，有时就能让你享受野外露营的快乐。

充分利用手边的毯子、靠垫和羽绒被。

把头灯套在装有水的大塑料瓶上（灯光向内）。

用头灯做个灯笼

问清楚应该在哪里点篝火。土地比草坪更合适。

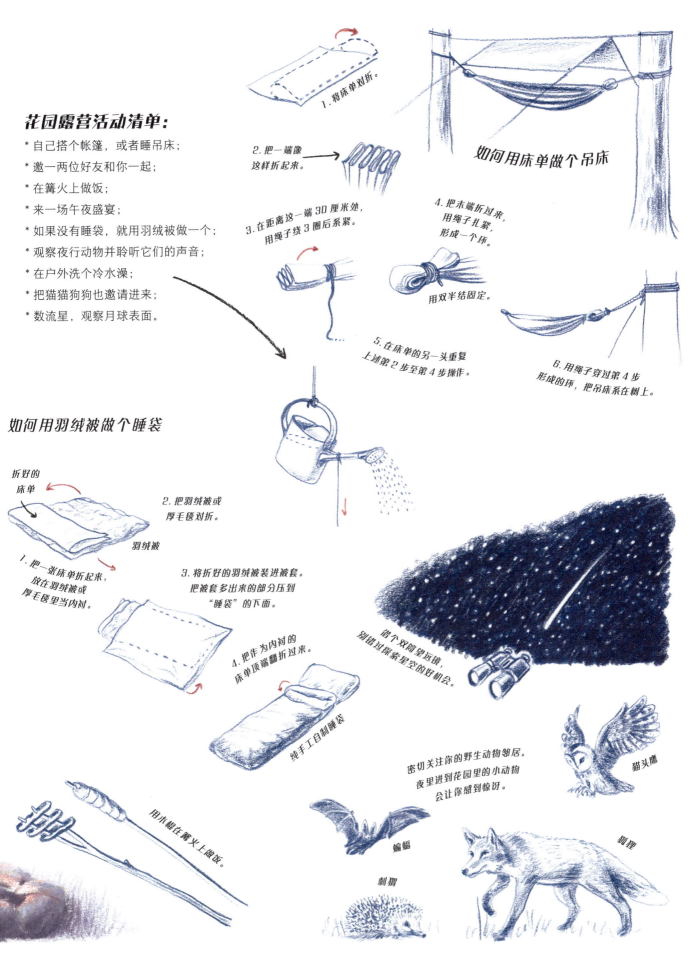

花园露营活动清单：

* 自己搭个帐篷，或者睡吊床；
* 邀一两位好友和你一起；
* 在篝火上做饭；
* 来一场午夜盛宴；
* 如果没有睡袋，就用羽绒被做一个；
* 观察夜行动物并聆听它们的声音；
* 在户外洗个冷水澡；
* 把猫猫狗狗也邀请进来；
* 数流星，观察月球表面。

1. 将床单对折。

2. 把一端像这样折起来。

如何用床单做个吊床

3. 在距离这一端 30 厘米处，用绳子绕 3 圈后系紧。

4. 把末端折过来，用绳子扎紧，形成一个环。

用双半结固定。

5. 在床单的另一头重复上述第 2 步至第 4 步操作。

6. 用绳子穿过第 4 步形成的环，把吊床系在树上。

如何用羽绒被做个睡袋

折好的床单

2. 把羽绒被或厚毛毯对折。

羽绒被

1. 把一张床单折起来，放在羽绒被或厚毛毯里当内衬。

3. 将折好的羽绒被装进被套。把被套多出来的部分压到"睡袋"的下面。

4. 把作为内衬的床单顶端翻折过来。

纯手工自制睡袋

借个双筒望远镜，别错过你探索星空的好机会。

用木棍在篝火上做饭。

密切关注你的野生动物邻居。夜里进到花园里的小动物会让你感到惊讶。

猫头鹰

蝙蝠

狐狸

刺猬

黑夜中的眼睛

我右腿上有一道伤疤。它在我的大腿上划出一条弧线，然后在膝盖上方留下了一片闪亮的锯齿状条纹。下面就是这道伤疤的故事。

许多年前，我和姐姐在博茨瓦纳广阔的奥卡万戈三角洲探险，那里野性十足。虽然身处一片大型野兽狩猎区，但我们相信当地的野生动物会包容我们。夜幕降临，我和姐姐搭起帐篷，还生起篝火——当然，我们备了很多柴火，熬过这一夜应该不成问题。安顿下来后，我俩听到了从黑暗中传来一些声响，但这毕竟是野外，没什么好担心的。吃饱喝足，我俩天南海北地聊了不少。浩瀚的夜空像往常一样展现出神奇的景象。但很快，困意袭来，我们还没钻进帐篷，眼皮就合上了。

过了一会儿，我突然惊醒，在黑暗中迷糊了好一阵子。一开始我以为是在做梦，后来才感觉到我正在被拖着走，后背就贴着石头地面。我发现一头黑乎乎、弓着背的鬣狗，它咬住了我的右腿。它的同伴发出激动的嗥叫，眼睛在黑夜中闪闪发光。我想喊，但什么也喊不出来。我濒临休克，却还是用尽全身的力气去挣扎、去踢、去打……然而无济于事。我被慢慢地拖进了黑夜。

突然，天空被照亮了。不知从什么地方冒出一根燃烧的木棍砸在那家伙身上。它叫了三声。火花飞溅，空气中弥漫着一股毛发烧焦的味道。我感觉到它终于松了口，一溜烟跑远了。

姐姐把我拉回到篝火边的安全地带，用急救包里的东西给我处理了伤口，并一直照看着我。等待日出的焦急让这一夜显得格外漫长。非常幸运的是，第二天，我们在河边找到了一艘旧独木舟。我们划了 8 个小时，到达一个叫曼昂的小镇。在那里，一位急诊医生救了我。

伟大的发现往往

始于一次航行。

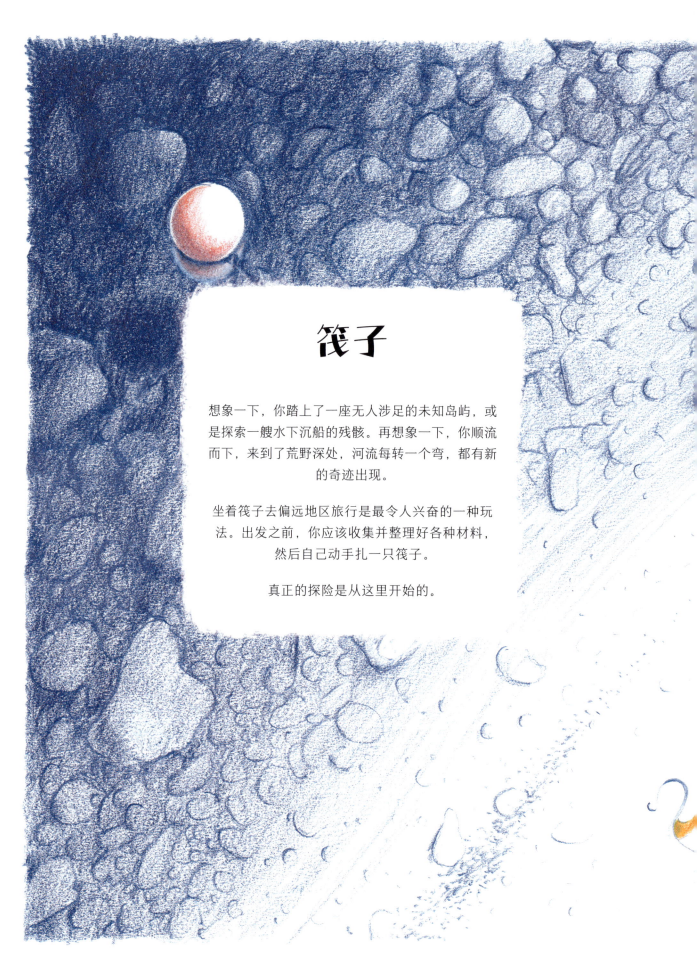

筏子

想象一下，你踏上了一座无人涉足的未知岛屿，或是探索一艘水下沉船的残骸。再想象一下，你顺流而下，来到了荒野深处，河流每转一个弯，都有新的奇迹出现。

坐着筏子去偏远地区旅行是最令人兴奋的一种玩法。出发之前，你应该收集并整理好各种材料，然后自己动手扎一只筏子。

真正的探险是从这里开始的。

这是最近一次航行中我们停靠
在荒野河口的一艘板筏。
我画这幅图的时候，它还没有完全建好。
后来，河水涨了，筏子也可以下水了。

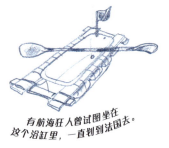

有航海狂人曾试图坐在这个浴缸里，一直划到法国去。

你甚至可以把大垃圾袋变成漂浮装置。

筏子：一种可在水上漂浮的交通工具，通常由木头或其他材料捆扎而成，可作为船或浮动平台使用，常用于求生环境。

筏子的构造

你所处的环境、能找到的材料和可用的时间共同决定了你要建造的筏子的类型。许多筏子的设计方案都有些共同的特点——这两个例子展示了简单结构（如这一页的漂流木筏）和复杂结构（如下一页的双体筏）的一些必备要素。

框架

几乎所有的筏子都需要坚固的框架。这个底座形成了一个平台，其他所有东西都可以加上去。

筏子可能会很沉。除非你搬得动，或者有办法运输，否则最好到水边再开始建造。

漂流木筏

推进力

移动和操纵筏子要用到船桨或撑杆，有时两者都需要。如果没有现成的，可以自制一个。

简单的设计

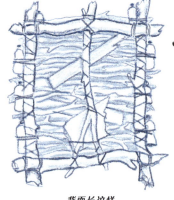

如果就地取材，做出的往往是特别简单的筏子。这个漂流木筏就是我用绳子将捡来的木头和空塑料瓶绑在一起做成的。

绳和结

制作筏子的过程中，需要把材料固定，捆绑在一起。绳索是最好用的，布基胶带、自行车内胎和扎线带也可以。

背面长这样

汽车内胎打满气就能做成很轻的筏子，效果出奇地好。

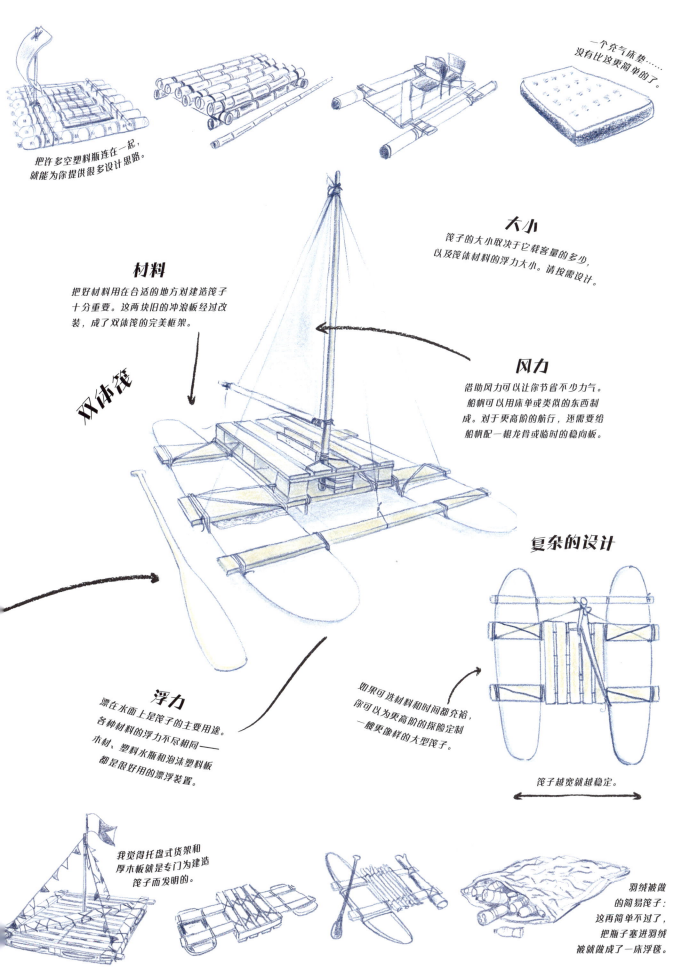

一个充气床垫……
没有比这更简单的了。

把许多空塑料瓶连在一起，
就能为你提供很多设计思路。

大小

筏子的大小取决于它载客量的多少，
以及筏体材料的浮力大小。请按需设计。

材料

把好材料用在合适的地方对建造筏子
十分重要。这两块旧的冲浪板经过改
装，成了双体筏的完美框架。

双体筏

风力

借助风力可以让你节省不少力气。
船帆可以用床单或类似的东西制
成。对于更高阶的航行，还需要给
船帆配一根龙骨或临时的稳向板。

复杂的设计

如果可选材料和时间都充裕，
你可以为更高阶的探险定制
一艘更像样的大型筏子。

浮力

漂在水面上是筏子的主要用途。
各种材料的浮力不尽相同——
木材、塑料水瓶和泡沫塑料板
都是很好用的漂浮装置。

筏子越宽就越稳定。

我觉得托盘式货架和
厚木板就是专门为建造
筏子而发明的。

羽绒被做
的简易筏子：
这再简单不过了，
把瓶子塞进羽绒
被就做成了一床浮毯。

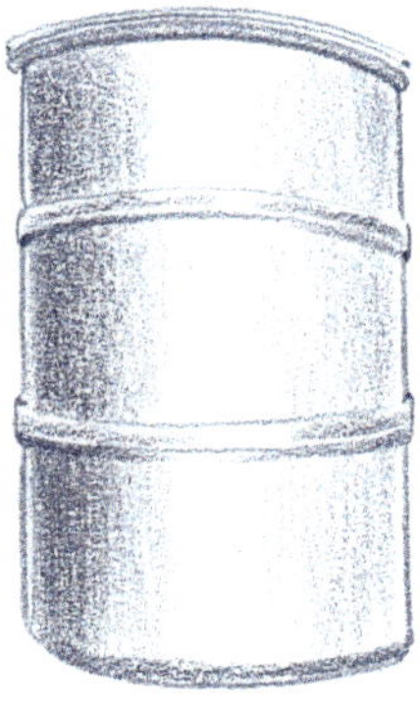

铁皮桶或塑料桶：
不好找，但特别好用。

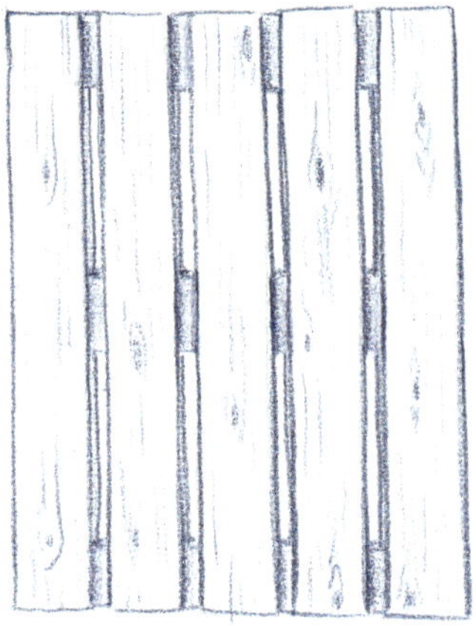

托盘式货架：
这东西几乎就
是为了造筏子
而生的。

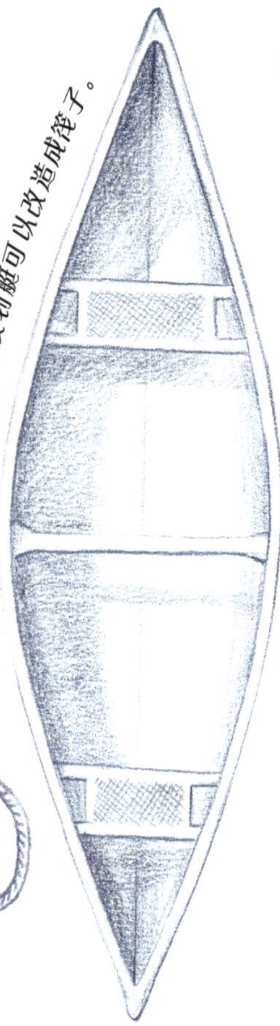

旧独木舟和皮划艇可以改造成筏子。

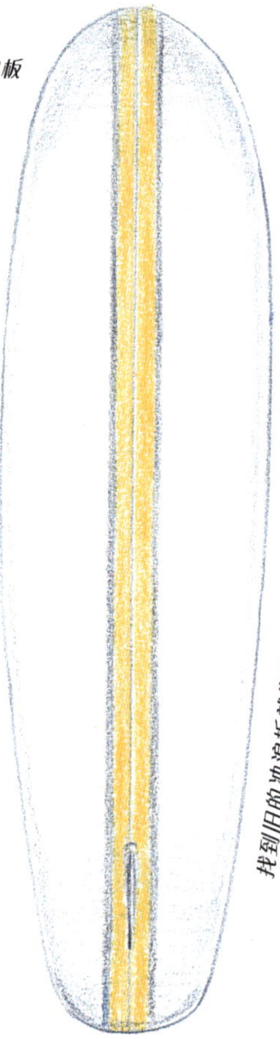

冲浪板

找到旧的冲浪板就像淘到了金子

乘筏子出行的必备物资

这些东西是你出发前应该准备的。有些很难找，但其他的都是像塑料瓶一样常见的东西。除非你真的需要荒野求生，否则还是多花点儿时间去寻找和搜集物资比较好。你找来的好东西都会在筏子入水后发挥作用。

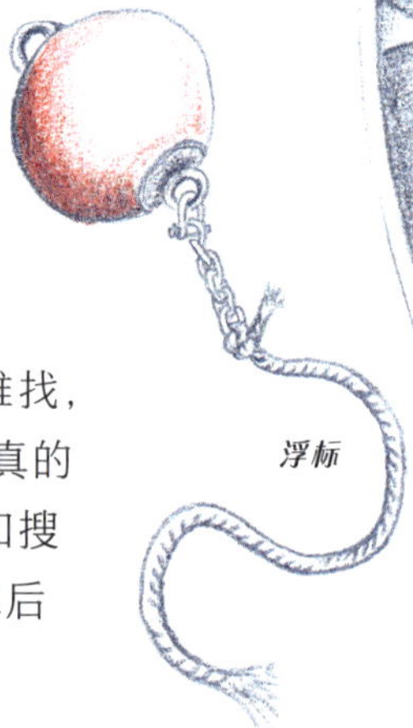

浮标

当你为手头的材料规划好用途之后，就可以设计筏子了。最好把这些材料都堆放在离筏子不远的地方。

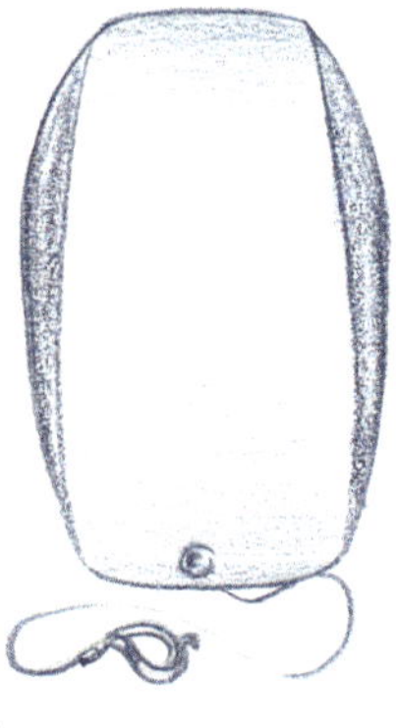

冲浪趴板

请抱着生死与共的心态建造你的筏子——没系紧的绳子或没绑好的结都可能会带来毁灭性的后果。

绳子：不可或缺的装备，越多越好。多准备些不同长度的绳子，肯定都用得上。1~2厘米粗的绳子最为理想。

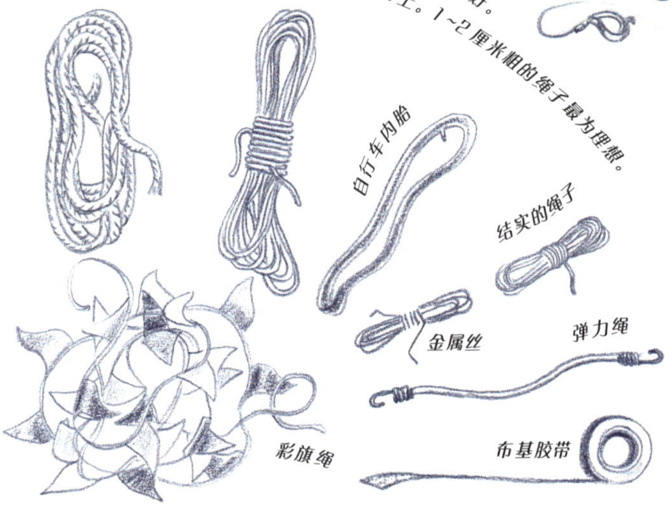

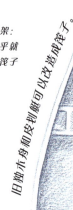

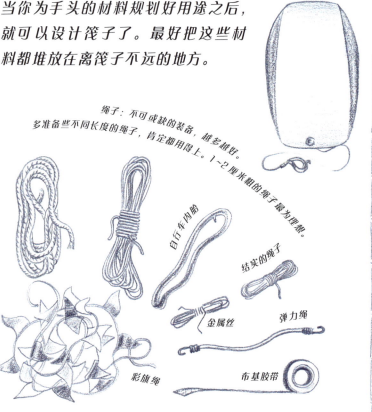

自行车内胎
结实的绳子
金属丝
弹力绳
彩旗绳
布基胶带

记住，准备再多的绳子也不会嫌多。

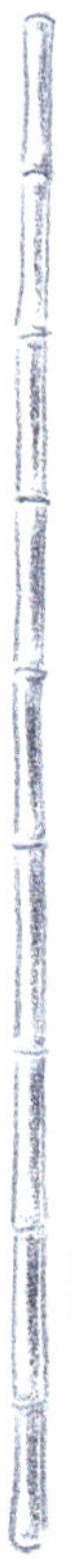

竹竿

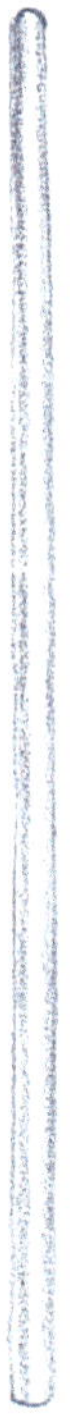

木棍：可制成好用的桅杆和撑杆。

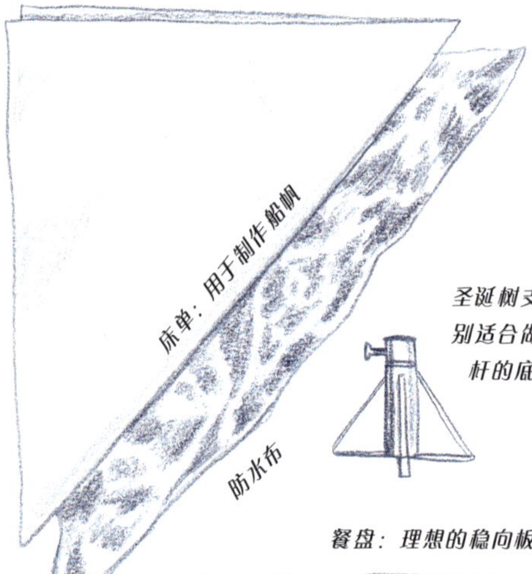

床单：用于制作船帆

防水布

圣诞树支
别适合做
杆的底座

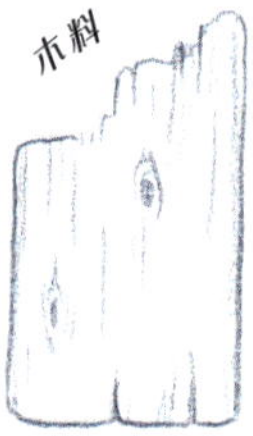

木料

餐盘：理想的稳向板。

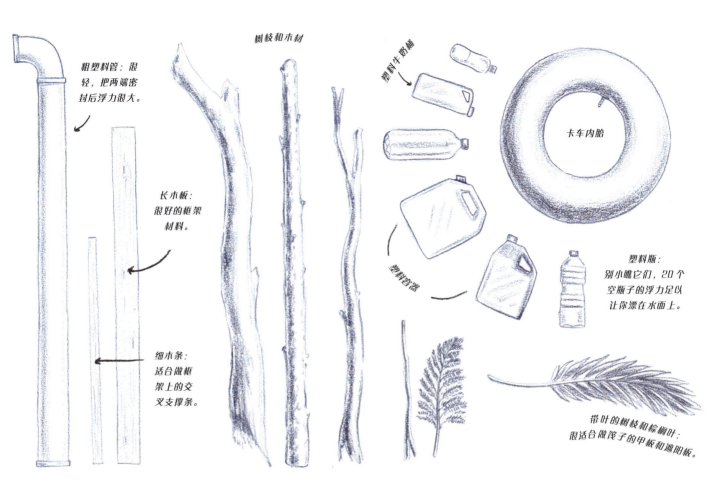

粗塑料管：很轻，把两端密封后浮力很大。

树枝和木材

塑料牛奶桶

卡车内胎

长木板：很好的框架材料。

塑料容器

细木条：适合做框架上的交叉支撑条。

塑料瓶：别小瞧它们，20 个空瓶子的浮力足以让你漂在水面上。

带叶的树枝和棕榈叶：很适合做筏子的甲板和遮阳板。

人们用这些材料已经造了上百万只筏子……想象一下你能用它们做什么。

必备装备

潜水服

适用于比较冷的水域

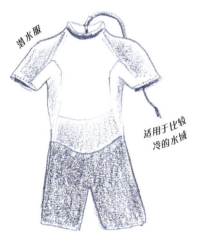

合适的鞋

救生衣：对所有人都很重要。

如果去潮汐水域，一定要掌握涨退潮的准确时间。

救生宝盒

口哨

防水袋和密封罐：可以保护需要防水的装备。

小折刀

在你出发去探险前，请把食物装在密封罐或防水袋里。

地图：别忘了套上防水封套。

指南针

备用绳索：可用来编绳套，停泊时拴筏子，一些紧急情况发生时都用得上。

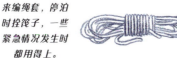

手钓鱼线：当然是用来钓鱼的。

乘筏子探险

乘筏子旅行有三种操作方式：划桨、撑杆和扬帆。你也可以顺流而下，但还是需要借助船桨或撑杆来操控筏子。

学会操控筏子十分重要——一定要相信自己能安全到达目的地。所以，你需要带上船桨和撑杆。记住，筏子可能很笨重，所以至少需要两个人一起配合使用。

撑杆：一根好的撑杆长度应该在 2 ~ 4 米，任何筏子都可以使用，不但可以帮筏子避开障碍物，还可以为比较重的筏子提供动力并控制航向。

有时一块简单的木板就可以。

一块木板加上一把锯子，就能做出一支船桨。

用砂纸把边边角角打磨光滑。

传统的桨

把塑料袋套在分叉的树杈上，也可以将就着当桨用。

临时的桨

竹竿

皮划艇桨

长桨

船桨

船桨有好几种类型，这里罗列了一些主要的种类。如果你没有现成的桨，可以自己做。

陆地上的"左"和"右"在水上变成了"左舷"和"右舷"。

小贴士：
跪在泡沫塑料或
其他合适的缓冲
材料上，可以保
护好膝盖。

划桨

大多数筏子需要由几个人在筏子两侧配合着划桨。你可以坐着，也可以试着单膝或双膝跪下，这样更容易使上劲。尽量避免在筏子上站立（除非迫不得已）。

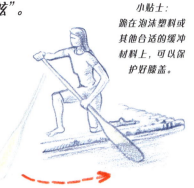

划桨的技巧

前进时，先把桨斜插进面前的水中，然后向后划动。握桨的双手间隔大约一臂长。

前进

两边的人需要默契配合，找到合适的划桨节奏，才能让筏子走直线。

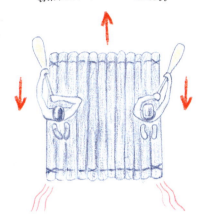

控制筏子的方向

这样的操作会让筏子转向左舷（左转）。

在外侧的人需要不间断地向后划桨。

在内侧的人把桨放在水里不动。如果需要急转弯，还可以向前划。

若要转向右舷（右转），调换上述操作的方向就可以了。

用船桨来掌舵

船桨也可以像舵一样控制筏子的方向。如果筏子上人多（至少三人），就可以试试这种方法。

船尾的桨叶指着哪一侧，筏子就会转向哪一侧。

让桨叶的侧缘在水中一直朝上。

撑杆者的位置

撑杆者通常位于筏子的尾部。如果不止一个人，就各站一边。

经验丰富的人可以站着撑船。

双手分开一臂的距离，握住长杆，向下撑住河床。

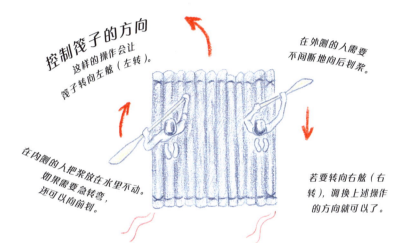

撑杆行筏

用一根长杆、木条或旧船桨推动筏子前进，这样的方法称为撑杆行筏。这种方法尤其适合水深不超过撑杆长度的水域（比如运河）。筏子上一定要有备用桨，以防撑杆掉落或进入深水区。

当心，不要让长杆卡在淤泥里或河床上。如果可能的话，用绳子把长杆拴在筏子上。

把身体的重量都压在杆上，并朝前进方向的反方向推杆。利用好你的体重，可以获得更大的推力。

如果有风，可以在筏子上加个帆。

扬帆远行

想象一下，你只要用木棍、床单和绳子草草拼出一面船帆，就可以让无形的风推动你在水中航行。它可能跑不快，也无法逆风行驶，但你已经用智慧驾驭了大自然的力量。这是一种最基本的航行方式。

船帆不需要很复杂。但再简单的船帆也可以让你舒舒服服地跷着脚，让劳累多时的双臂好好歇一歇。先试试简单的设计方案吧。习惯一下它给你的筏子带来的改变。我在这里列了一些借风航行的基本知识，从简单的设计到更高级的方案都有。

你将会用到

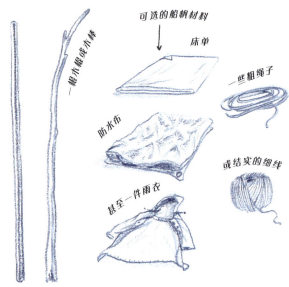

一根木棍或竹棒

可选的船帆材料
床单
防水布
一些粗绳子
甚至一件雨衣
或结实的细线

简单的主帆

任何尺寸合适的布料都可以拿来捕获风力。下图中的床单被剪成了三角形。

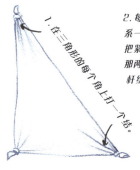

1. 在三角形的每个角上打一个结。

2. 每个结上都系一根绳，并把紧贴桅杆的那两个结和桅杆绑在一起。

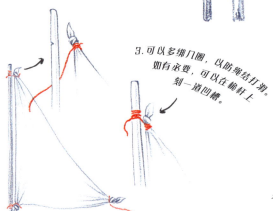

3. 可以多绕几圈，以防绳结打滑。如有必要，可以在桅杆上刻一道凹槽。

4. 把远离桅杆的那个结绑在筏子的尾部，用它拉紧船帆。

安装桅杆

1. 在筏子中轴线靠前的位置上找一个点。将桅杆插入这个点，并牢牢绑在基座框架上。

2. 如果能找到支架，就把它也绑在基座框架上。这会是个很好的桅杆支座。

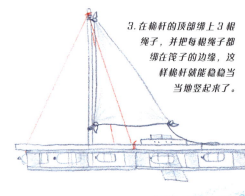

3. 在桅杆的顶部绑上 3 根绳子，并把每根绳子都绑在筏子的边缘，这样桅杆就能稳稳当当地竖起来了。

帆桁

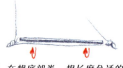

1. 在帆底部卷一根长度合适的细木条，并把底边上的两个结都露出来。

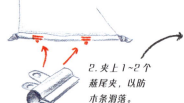

2. 夹上 1~2 个燕尾夹，以防木条滑落。

3. 按照拴系主帆的方法把船帆系在桅杆上。

小贴士：
帆桁[5]可以用来保持船帆的形状。

航行规则

* 和机动船相比，帆船拥有优先通行权，但一定要先确认对方已经看见你了；
* 两船相遇，一定要从左舷驶过彼此。

很多东西都可以用来做船帆。比如，把外套挂在分叉的树枝上。

"稳向板"是垂直插在筏子上的一块可以拆卸的板子，它能够防止船体在航行中发生侧移。

舵和稳向板

一面简单的船帆能让你顺着风吹的方向航行。如果加上稳向板或龙骨，你就可以更好地控制航向。

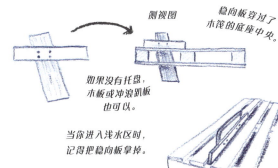

侧视图

稳向板穿过了木筏的底座中央。

把一个托盘的上沿固定在一块木板上，然后插进筏子中央。

如果没有托盘，木板或冲浪趴板也可以。

当你进入浅水区时，记得把稳向板拿掉。

用船桨当舵

如果风够大，可以把船桨侧缘朝上，插进水里当舵。

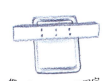

这支桨将可以起到稳向板的作用。转动船桨就可以像掌舵一样控制筏子的航向。

航行技术

通过调整船帆的朝向（三角船帆上只有一个角的绳结没有被绑在桅杆上，请用这个自由端上的绳子调整方向），你可以更有效地借助风力。一旦找到了船帆的合适位置，就把它固定住（绑起来或抓住都可以）。航行过程中根据需要对帆再做调整。

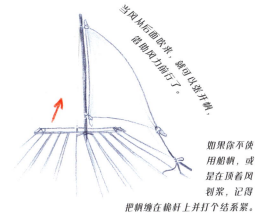

当风从后面吹来，就可以张开帆，借助风力前行了。

如果你不使用船帆，或是在顶着风划桨，记得把帆缠在桅杆上并打个结系紧。除此之外，要保证船帆张开后船能够顺风行驶。

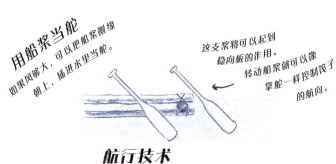

风

如果风不是恰好从你的身后吹来，就需要给筏子装一个稳向板了。

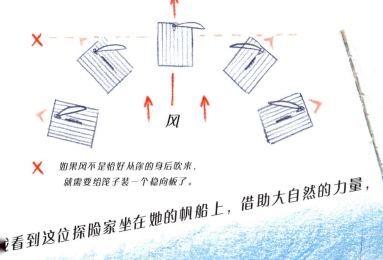

看到这位探险家坐在她的帆船上，借助大自然的力量，在太平洋的风浪中自如航行。

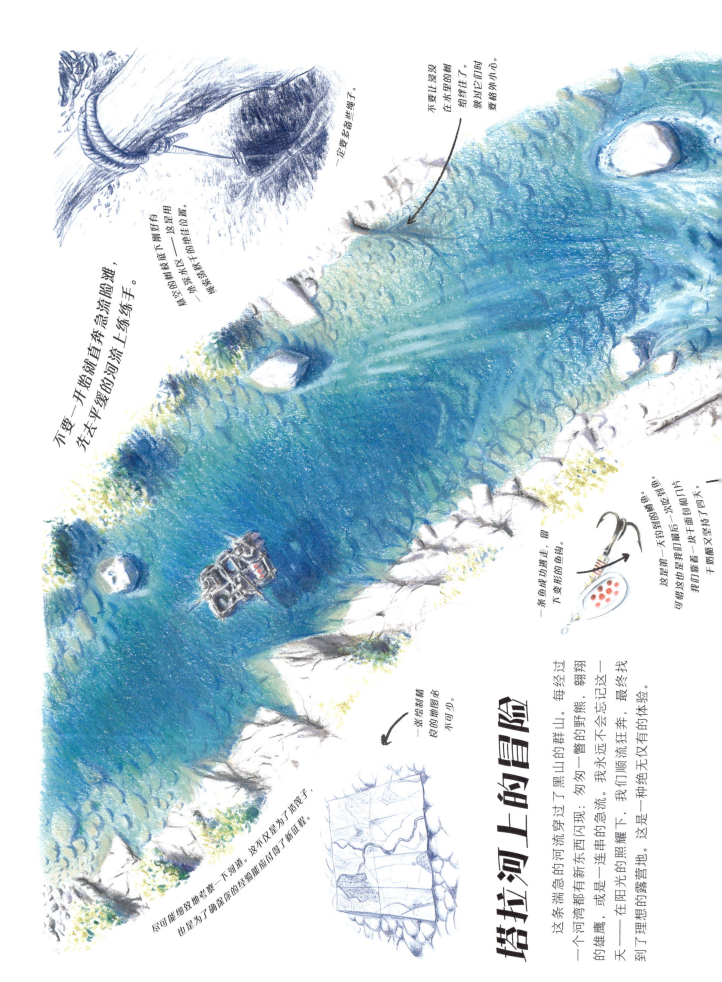

不要一开始就直奔急流险滩，先去平缓的河流上练练手。

一定要多备些绳子。

最空的树枝底下刚好有一处深水区——这是用绳系藏水下的绝佳位置。

不要让皮筏在水里的树缠住了。驾过它们时要格外小心。

一条鱼成功逃走，留下变形的鱼钩。

这是第一天钓到的鳟鱼。可惜这也是我们最后一次钓到鱼。我们靠着一块干面包和几片干奶酪又坚持了四天。

一张绘制精良的地图必不可少。

尽可能细致地考察一下河道。这不仅是为了造筏子，也是为了确保你的经验能应付得了新征程。

塔拉河上的冒险

这条湍急的河流穿过了黑山的群山。每经过一个河湾都有新东西闪现：匆匆一瞥的野熊、翱翔的雄鹰，或是一连串的急流。我永远不会忘记这一天——在阳光的照耀下，我们顺流狂奔，最终找到了理想的露营地。这是一种绝无仅有的体验。

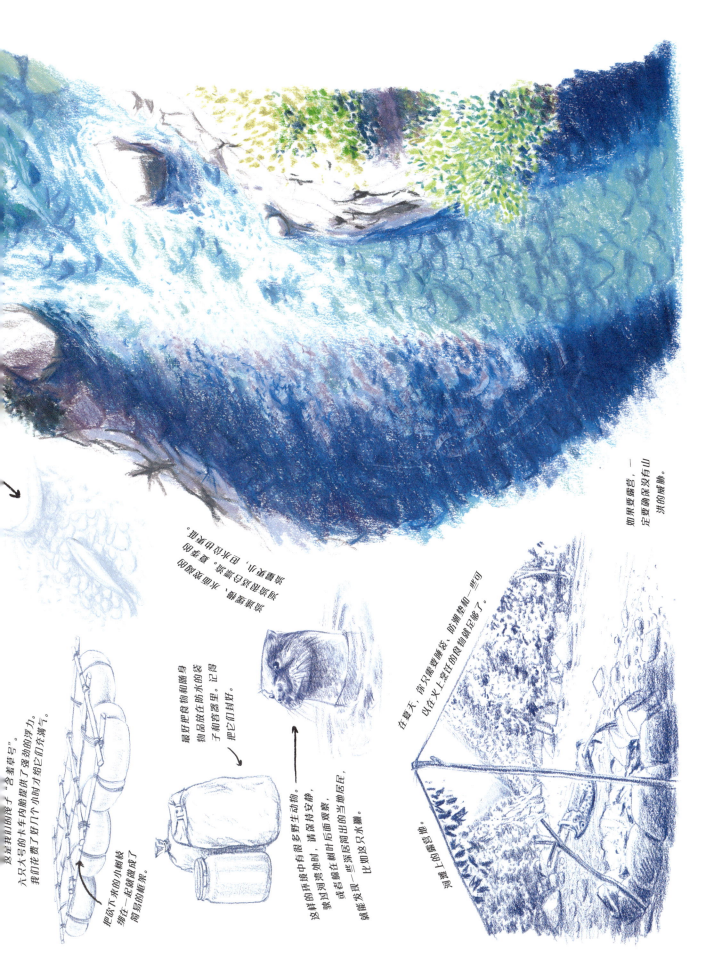

如果要露营，一定要确保没有山洪的威胁。

在夏天，你只需要睡袋，即使架高一些可以在火上架狂的食物就足够了。

河滩上的露营地。

这样的环境中有很多野生动物，请保持安静。驶过河湾深处时，请深入后面观察，或者躲在树叶后面简出的当地居民，就能发现一些，比如这只水獭。

最好把食物和随身物品放在防水的袋子和容器里。记得把它们封好。

六只大卡号的卡车内胎提供了强劲的浮力，我们花费了好几个小时才给它们充满气。

这是我们的筏子"含羞草号"。

把砍下来的小树枝绑在一起做成了简易的框架。

请记住，要想发现新世界，就必须先离开安全的港湾。

探索神秘岛

　　我一直喜欢去湖泊探险。这里是美国东北部的荒野，晨雾笼罩着世界。直到我们渐渐靠近，一座神秘的岛屿才终于露出真容。巨大的岩石和古老的松树在我们头顶形成了一座隐秘的堡垒，将来访者拒之门外。只有无畏的探险家才敢进去一探究竟。

　　世界上有许多湖泊和岛屿在等着人们去探索。查查地图，做做功课，你会发现一些值得造访的地方。如果你找不到合适的岛屿，可以试试湖岸和河湾，或者来一趟跨湖之旅也很不错。

　　湖岸边经常能见到树林，很适合造木筏。看看我的这个设计方案对你有没有启发。

到了水边再开始建造，不然你就得拖着笨重的木筏走很远的路。

必备工具

绳子

斧头

锯：斧头和锯任选其一。

刀

木筏

在木材容易获得的环境中，这是一种十分经典的设计方案。我用的是松木，但大多数木材都可以。如果你手边没有斧头或锯，浮木也没问题。造木筏是一项重体力活儿，最好能找成年人来帮忙。

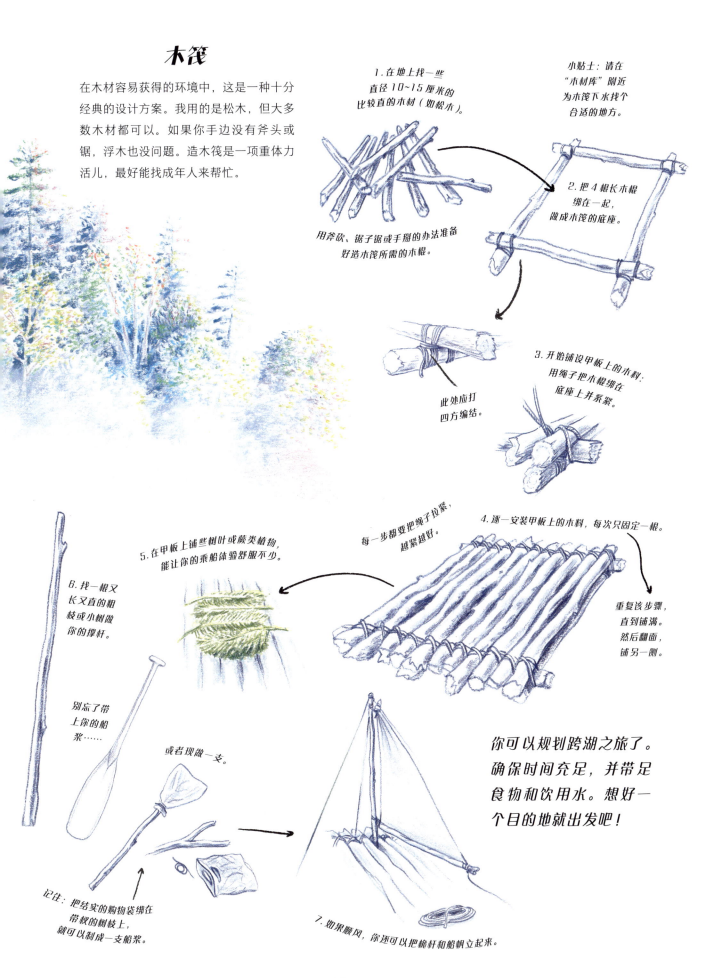

1. 在地上找一些直径 10~15 厘米的比较直的木材（如松木）。

用斧砍、锯子锯或手掰的办法准备好造木筏所需的木棍。

小贴士：请在"木材库"附近为木筏下水找个合适的地方。

2. 把 4 根长木棍绑在一起，做成木筏的底座。

此处应打四方编结。

3. 开始铺设甲板上的木料：用绳子把木棍绑在底座上并系紧。

5. 在甲板上铺些树叶或蕨类植物，能让你的乘船体验舒服不少。

每一步都要把绳子拉紧，越紧越好。

4. 逐一安装甲板上的木料，每次只固定一根。

重复该步骤，直到铺满。然后翻面，铺另一侧。

6. 找一根又长又直的粗枝或小树做你的撑杆。

别忘了带上你的船桨……

或者现做一支。

记住：把结实的购物袋绑在带杈的树枝上，就可以制成一支船桨。

7. 如果顺风，你还可以把桅杆和船帆立起来。

你可以规划跨湖之旅了。确保时间充足，并带足食物和饮用水。想好一个目的地就出发吧！

沉船探险

在一次探险活动中，我们被河口涌进的潮水冲向了一艘沉船。这只木筏是我们用托盘式货架、木板和别的材料扎起来的。虽然很笨重，速度也不快，却是一个完美的浮潜平台。我们在筏子上穿戴好装备，套上脚蹼就可以去水下探索沉船了。后来，我们随着退去的潮水又返回了河口，带回了好多新鲜的贻贝和沉船的故事。

你的筏子也将带你踏上不可思议的冒险之旅，就像我所经历的那样。去找一处不受风雨侵扰的平静海湾，在那儿你可以去水下探秘，也可以去岩壁攀岩。到了河口，你还可以借着水流去水湾[6]里一探究竟。

海岸周围常有一些海蚀洞。有许多曾被走私者用作藏匿的窝点。毫无疑问，一些洞里至今还藏着各式各样的珍宝。

用托盘式货架和你能找到的其他材料设计一个筏子。

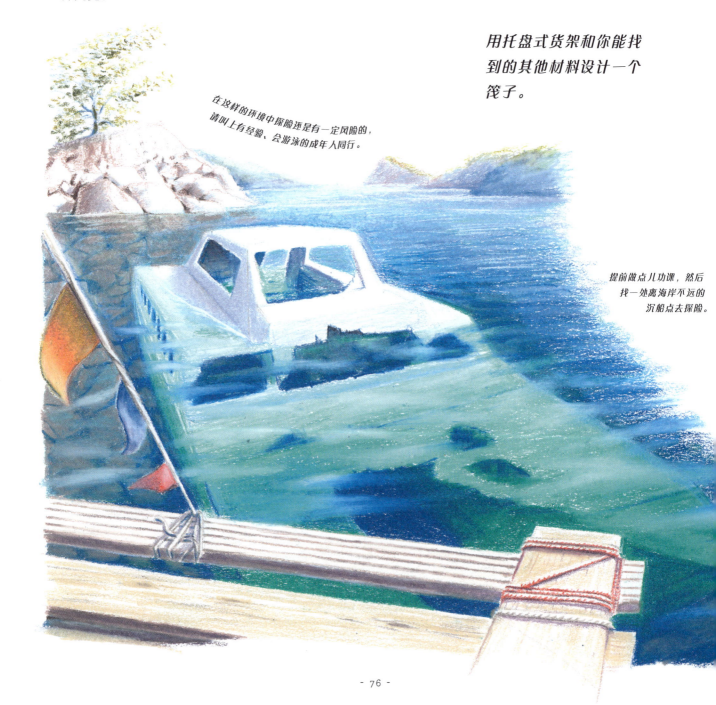

在这样的环境中探险还是有一定风险的，请叫上有经验、会游泳的成年人同行。

提前做点儿功课，然后找一处离海岸不远的沉船点去探险。

托盘式货架筏子

托盘式货架很适合做筏子（如果你能找到）。在托盘上绑一些空瓶子、泡沫塑料板或其他漂浮物，一个不错的平台就做好了。再绑上几根长木条，就是一个结实的框架。

你将会用到：

* 托盘式货架：一般来说，每个成年人大约需要配两个货架；
* 主框架需要 4~5 根长木板（比如搭建脚手架踏板和户外露台所用的那种木板）；
* 用作桅杆的长棍；
* 尽可能多的漂浮物；
* 足够多的绳子，有很多地方需要捆绑；
* 大号的扎线带也很好用。

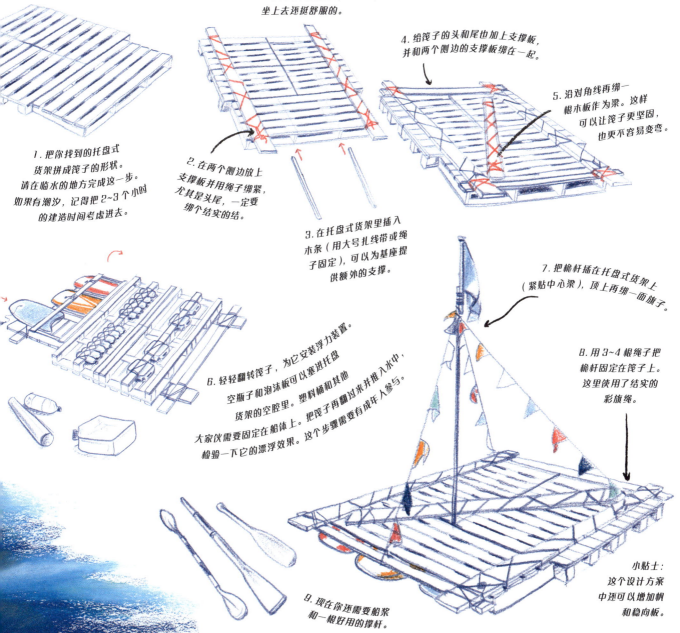

一只绿海龟从双体筏下面游过。这艘筏子的甲板上有一个透明的塑料盒，刚好成了水下观景平台。

这个筏子不但经得住三个成年人的重量，坐上去还挺舒服的。

1. 把你找到的托盘式货架拼成筏子的形状。请在临水的地方完成这一步。如果有潮汐，记得把 2~3 个小时的建造时间考虑进去。

2. 在两个侧边放上支撑板并用绳子绑紧，尤其是头尾，一定要绑个结实的结。

3. 在托盘式货架里插入木条（用大号扎线带或绳子固定），可以为基座提供额外的支撑。

4. 给筏子的头和尾也加上支撑板，并和两个侧边的支撑板绑在一起。

5. 沿对角线再绑一根木板作为梁。这样可以让筏子更坚固，也更不容易变弯。

6. 轻轻翻转筏子，为它安装浮力装置。空瓶子和泡沫板可以塞进托盘货架的空腔里。塑料桶和其他大家伙需要固定在船体上。把筏子再翻过来并推入水中，检验一下它的漂浮效果。这个步骤需要有成年人参与。

7. 把桅杆插在托盘式货架上（紧贴中心梁），顶上再绑一面旗子。

8. 用 3~4 根绳子把桅杆固定在筏子上。这里使用了结实的彩旗绳。

9. 现在你还需要船桨和一根好用的撑杆。

小贴士：这个设计方案中还可以增加帆和稳向板。

你需要的材料

几卷宽胶带或布基胶带——筏子越大，需要的胶带就越多。

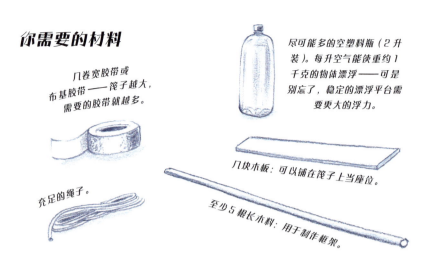

尽可能多的空塑料瓶（2升装）。每升空气能使重约1千克的物体漂浮——可是别忘了，稳定的漂浮平台需要更大的浮力。

充足的绳子。

几块木板：可以铺在筏子上当座位。

至少5根长木料：用于制作框架。

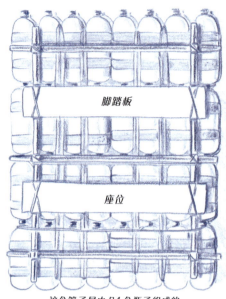

脚踏板

座位

这个筏子是由64个瓶子组成的，可供一位小乘客使用。

桨板式漂流筏

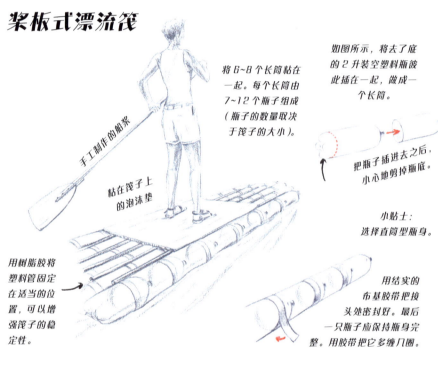

手工制作的船桨

粘在筏子上的泡沫垫

用树脂胶将塑料管固定在适当的位置，可以增强筏子的稳定性。

将6~8个长筒粘在一起。每个长筒由7~12个瓶子组成（瓶子的数量取决于筏子的大小）。

如图所示，将去了底的2升装空塑料瓶彼此插在一起，做成一个长筒。

把瓶子插进去之后，小心地剪掉瓶底。

小贴士：选择直筒型瓶身。

用结实的布基胶带把接头处密封好。最后一只瓶子应保持瓶身完整。用胶带把它多缠几圈。

大运河之旅

　　城市似乎离荒野很遥远，但你可以乘筏子去探索一座城。此番运河之旅径直穿过了伦敦动物园。在这个大城市的中心地带，我被熟悉的丛林之声所包围。金刚鹦鹉唧唧呱呱，猴子们叽叽喳喳，我好像还听到了狮吼声。我穿行在伦敦（世界上的大城市之一）的晨雾中，感觉就像在家里一样。

　　如果你也能找到运河，千万别错过了。在神秘城市的古老水道中航行，或是在乡野的自然景观中探秘是很特别的体验。运河都不深且水流缓慢，很适合划着轻便的筏子（比如这些用塑料瓶做成的筏子）来一次旅行。

如何制作一个塑料瓶筏子

1. 先用胶带把空瓶子绑成 4 个一组的 "小模块"。

小贴士：如果 4 个一组的 "小模块" 做起来有困难，可以先把瓶子成对地粘在一起。

2. 再把 4 个一组的 "小模块" 组合成 8 个一组的 "中模块"。

小贴士：为了增加舒适度，可以用绳子在筏子上绑几块木板。

3. 把 8 个一组的 "中模块" 头尾相接，用胶带把它们纵向粘在一起，形成 "大模块"。

4. 重复上述 3 个步骤，做出更多的 "大模块" 后，把它们并排绑在一起。

5. 把长木条绑在一起，做成筏子的框架。

6. 把做好的框架放在由空瓶子组成的平台上，按图中所示的方法，用绳子绕过筏子底部，将它们绑在一起。

这只埃及圣鹮仿佛让我穿越到了另一片大陆。

千万别认为你造不出筏子，或者无法去探险。当你决定去做一些冒险的事情，这个世界总会帮你实现。

划着桨，沿着伦敦摄政运河顺流而下。

如果你要乘着筏子去漂流，还有游泳的机会哦。

游野泳

不管是江河，还是湖海，踏入水中就像是走进了野生王国。当你完全沉浸在它的怀抱中，感觉会很奇妙。

南极的冰洞穴。我穿了干式潜水服和鞋套。

利西亚海岸附近有一座 1800 年前因地震沉入海底的古城。我一边游，一边想象着古人在这些小路上行走的模样。

圭亚那，瀑布的边缘。

一些荒野记忆

不要试图将这些场景重现。

由我自己到达的瓦西亚的火山口湖。那里温暖而舒适。

探险装备

泳镜

潜水服

救生衣

毛巾

浮潜装备

脚蹼

戴上护目镜或者面罩，就可以去探索水下世界了。

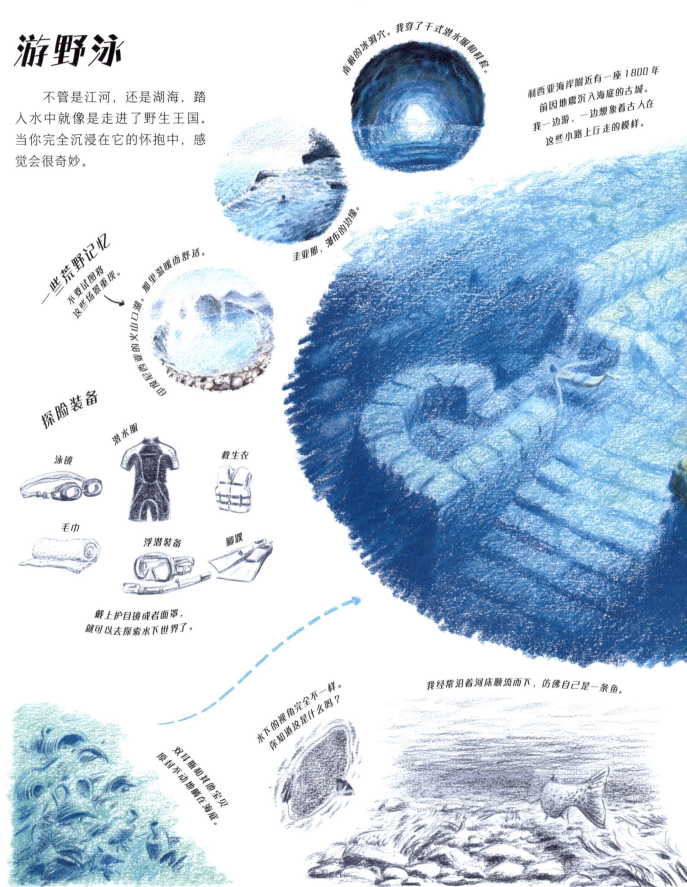

双目蛤和其他宝贝原封不动地躺在海底。

水下的视角完全不一样。你知道这是什么吗？

我经常沿着河床顺流而下，仿佛自己是一条鱼。

如果你是乘着筏子去游泳，
下水之前要确认筏子已经泊好了，
船桨和撑杆也都系牢了。

挑个最舒服的
姿势在荒野丛林
中漂流——
你也会有这么
一天的。

攀爬和跳水
攀登深水上方的峭壁是一项很好的锻炼。
戴上头盔，注意安全，
身边还要有经验丰富的成年人看护。

黎明或黄昏才是真正的
魔法出现的时候。

探险家应该知道：

* 和有经验的成年人一起游泳；
* 只在你觉得难度不大的水域中游泳；
* 必要时穿上救生衣；
* 务必确认你游泳的地方是安全的；
* 不要在湍流中游泳；
* 不要跳进浑浊的水中；
* 不要独自一人游泳。

记一次死里逃生的经历

我今天侥幸捡回来一条命。

昨天打猎的时候，我在丛林中走了两个小时，无意中发现了一潭美丽的湖水。我看见了各种各样的动物——包括湖对岸的鹅。我已经好几天没吃东西了，迫切需要储备些食物。接近它们唯一的办法就是去对岸。

回到营地，我就开始设计筏子。幸运的是，我在附近发现了一架老掉牙的单引擎水上飞机，看样子已经废弃很久了。我想办法把飞机上的一个浮筒切了下来。我要用这个独木舟形状的浮筒壳子做成一个带舷外支架[7]的筏子。我的计划是把我的弯刀、绳子和口粮都放进浮筒，然后拖着它穿过丛林，在水边把筏子扎好。

早上出发的时候，丛林刚从暗夜中显现出轮廓。我拍掉了好几只水蛭（它们可能想搭便车穿过丛林），然后继续为我的筏子砍竹子。我在船体上绑了几根长竹竿，又用一根长短粗细正合适的棕榈木做成舷外支架。棕榈叶的茎也被我做成了还算像样的船桨。这时，我透过双筒望远镜看了一眼湖对岸——大约200 米开外的地方有 6 条鳄鱼，它们亮晶晶的眼睛在水面上滴溜溜乱转。它们看起来无精打采……而且，我真的很饿。

我小心翼翼地踏上筏子，试了试它的浮力，然后就划着桨进入了开阔水域。在离开湖岸大约 300 米之后，事情开始不对劲。筏子里进水了——显然，大自然的风化作用对玻璃钢造成了损坏。我怎么也没想到会出这种问题。我从汪着水的筏子里取出我的装备，带着几分急迫的心情划回岸边。但不到一分钟，筏子就沿着缝隙裂开了。

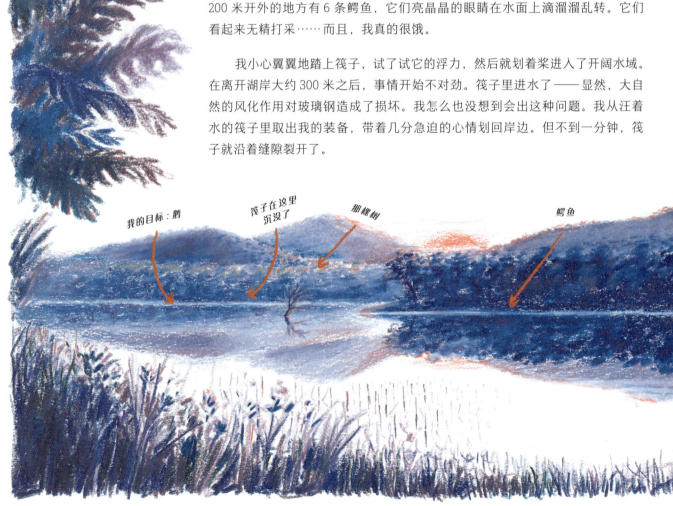

我的目标：鹅

筏子在这里沉没了

邪棵树

鳄鱼

肯定撑不到岸边了。我赶紧弃船，奋力向不远处一棵伸向水面的大树游去。那场面一定很不堪入目——我坐在树枝上，进退两难，吓得浑身僵硬，觉得自己蠢极了。我深吸了一口气，然后潜入水中，把所有感官都调至求生状态。我把全部注意力都投向了湖岸。

湖岸上的一条鳄鱼

过了一分钟，我感觉有什么东西从我肚子上一扫而过。我的整个身体都绷紧了。紧接着，又有什么东西抓住了我的一只脚。我拼命拉，但它就是不松手。我往下看了一眼，心里已经做好了最坏的打算。幸运的是，我的脚没有被鳄鱼咬住，而是被绳子一样长长的水草给缠住了。我深吸了几口气，潜到水底把脚上的靴子脱掉，摆脱了水草的纠缠。在接下来的 4 分钟，我一次又一次被缠住。这时我才注意到，水蛭造成的伤口流出的血把水都染红了。鳄鱼肯定已经在围着我打转了。

吸我血的
小跟班

我屏住了呼吸，用尽全力游向岸边，一心只想着安全上岸。当我终于躺在沙滩上，大口喘着粗气时，我向湖面望去。一个黑影在我刚才游回来的路线上游来游去。

猎人变成了猎物，这就是一个活生生的例子。

带舷外支架
的筏子

顶部开的洞

从废弃的水上飞机上
拆下来的浮筒

棕榈叶茎做的
船桨非常好用。

把竹竿绑在
浮筒上

这根木头起到舷外支架
的作用，能让筏子更稳当。

栖身之所在哪里，
哪里就是家。

庇护所、窝棚和树屋

想象一下，你用自己的双手建起一处庇护所。

树枝和木棍层层叠叠交织在一起，你不但驾驭了自然之力，还将其据为己有。

有了庇护所，狂风暴雨、豺狼猛兽、严寒酷暑……所有这些都可以被驯服。

在有些情况下，你可能需要一处临时庇护所来维持生存（比如在森林里走失或是遭遇了船难）。还有一些情况，你可能需要更长久的庇护所（比如藏身处或树屋）。

不论是哪种情况，你都是在创建自己的私人王国——这是每个探险家都必须知晓的技能。

不管怎样，庇护所的建造是一门终身受益的学问——现在你也可以掌握了。

你能想象睡在鲸鱼体内的感受吗？

有些居所的设计相当完美，
历经千年都未曾改变。

冰屋

我在阿拉斯加发现了一处用鲸骨搭建的废弃庇护所。
这是提基加格[8]的人们不久前才建起来的，
墙和屋顶是由鲸骨制成的，
外面覆盖着起保暖作用的泥和草。
这是一种数千年前就存在的古老设计理念。

爬进极北地区因纽特人的冰屋。冰雪不但是非常好的建筑材料，
而且出奇地温暖。有经验的人只需一把锯子就能
在一小时内砌好一座冰屋……不过，我用的时间特别长。

鲸骨庇护所

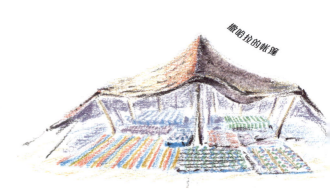

贝都因帐篷

贝都因[9]帐篷非常适合炎热的沙漠。
需要转移时，把帐篷叠整齐放在
骆驼背上就能上路。

漂浮的岛屿

结实的拖拖拉芦苇
（totora reed）被编
织成厚实的水上平台，
既可以在湖面上移动，
也可以停泊在湖床上。

甚至连船也
完全是由这种
芦苇制成的。

这些居所的建造完全
是可持续的——它们
和自然之间是和谐而
非对抗关系。

在南美的安第斯山区高处，有一个湖叫"的的喀喀湖"（Titicaca），
湖水很深。水面上有乌鲁斯人用当地的芦苇建造的浮动房屋，让人叹为观止。

拜访建造者

这里是我在旅途中遇到的土著居民和游牧民族的居所。
它们看起来可能很不一样，但建造它们的人有着类似的想
法。每一间都是就地取材，手工打造，且完全符合建设者的
需求。它们是凝聚了人类智慧与创造力的大师级作品。就让
这些庇护所，以及它们的建筑者给你一些启发吧。

丛林庇护所

这是我在亚马孙地区遇到的一个简单的庇护所，
很可能是由一个与世隔绝的部落建造的。
它由插进地里的几片棕榈叶组成，有一种极简之美。

一位涅涅茨[10]驯鹿牧人在他的帐篷（被称为"怡姆"）前面摆出姿势。

把驯鹿皮缝在一起，盖在帐篷上，让帐篷变得又结实又暖和。

梯皮和怡姆

帐篷随人类的迁徙传遍了全世界。
对那些需要赶着牲畜在牧场之间迁移，
或前往新狩猎场的游牧民族来说，这种圆锥形帐篷是完美的选择。

优秀的庇护所会表现出
它所处环境的特点。

这是位于蒙古高原腹地的蒙古包。
这些庞大而友好的住所遍布中亚地区，是一些探险活动中备受欢迎的好景致。蒙古包的墙体是由木条组成的可折叠栅格，房顶由帆布或兽皮制成，用绳索固定。

蒙古包和毡房

树屋

在印度尼西亚巴布亚省的热带雨林深处，
居住着科罗威人，他们掌握了树屋建造的艺术，
并将这种建筑形式做到了极致。

高脚屋

我在世界各地都见过高脚屋，但马来西亚海滨的那些是独一无二的。它们属于从菲律宾移居至此的巴瑶族，这是他们海上生活方式的一部分。

我在广袤的西伯利亚森林深处，涅涅茨驯鹿牧人的地盘上建造了这个临时庇护所。我永远忘不了手脚经历过的那种严寒。

涅涅茨人的帐篷

驯鹿皮

栖身何处：从西伯利亚到巴布亚的回忆

在印度尼西亚巴布亚省的科罗威部落，我每天早上都在树屋中醒来。不过，我适应了好一阵子才习惯了爬下树去搜罗早餐。

一分钟不长，但一切皆有可能发生。在雨林中，你永远也猜不到，何时需要你拿出看家本领来应对大自然的挑战。转眼之间，你就随着一架飞机迫降

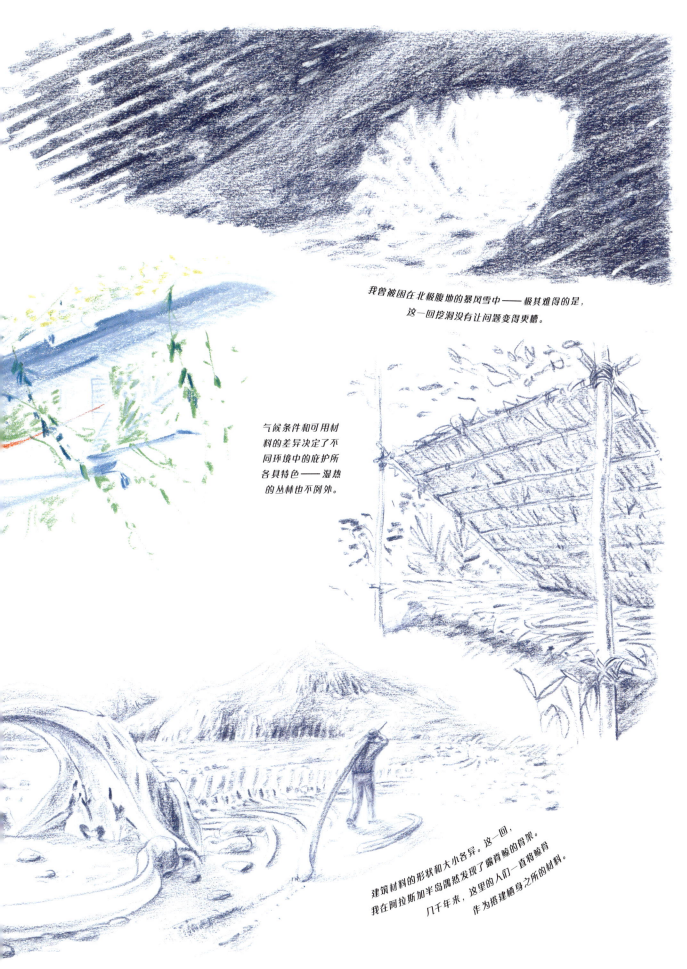

我曾被围在北极腹地的暴风雪中——极其难得的是，
这一回挖洞没有让问题变得更糟。

气候条件和可用材
料的差异决定了不
同环境中的庇护所
各具特色——湿热
的丛林也不例外。

建筑材料的形状和大小各异。这一回，
我在阿拉斯加半岛偶然发现了露脊鲸的骨架。
几千年来，这里的人们一直将鲸骨
作为搭建栖身之所的材料。

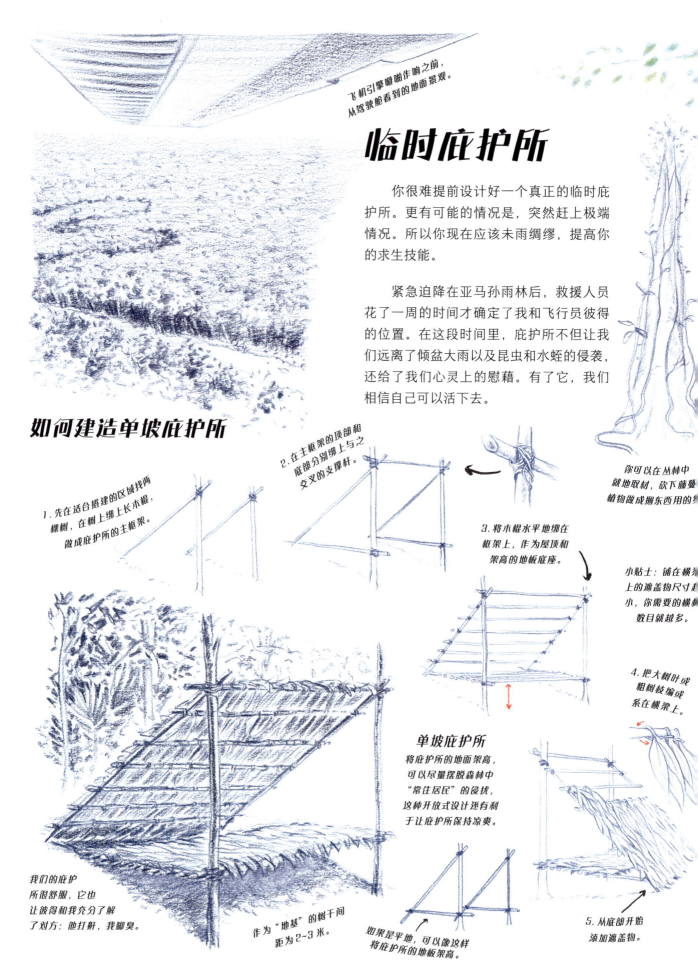

飞机引擎噼啪作响之前，从驾驶舱看到的地面景观。

临时庇护所

你很难提前设计好一个真正的临时庇护所。更有可能的情况是，突然赶上极端情况。所以你现在应该未雨绸缪，提高你的求生技能。

紧急迫降在亚马孙雨林后，救援人员花了一周的时间才确定了我和飞行员彼得的位置。在这段时间里，庇护所不但让我们远离了倾盆大雨以及昆虫和水蛭的侵袭，还给了我们心灵上的慰藉。有了它，我们相信自己可以活下去。

如何建造单坡庇护所

1. 先在适合搭建的区域找两棵树，在树上绑上长木棍，做成庇护所的主框架。

2. 在主框架的顶部和底部分别绑上与之交叉的支撑杆。

3. 将木棍水平地绑在框架上，作为屋顶和架高的地板底座。

4. 把大树叶或粗树枝编或系在横梁上。

5. 从底部开始添加遮盖物。

你可以在丛林中就地取材，砍下藤蔓植物做成捆东西用的绳

小贴士：铺在横梁上的遮盖物尺寸越小，你需要的横梁数目就越多。

单坡庇护所

将庇护所的地面架高，可以尽量摆脱森林中"常住居民"的侵扰，这种开放式设计还有利于让庇护所保持凉爽。

我们的庇护所很舒服，它也让彼得和我充分了解了对方：他打鼾，我脚臭。

作为"地基"的树干间距为2~3米。

如果是平地，可以像这样将庇护所的地板架高。

终于，救援直升机放下了吊索。
我们得救了。历经重重磨难，
　　我俩成了一辈子的朋友。

　　　秘鲁巨人蜈蚣——这是把
庇护所的"地基"架高的另一个理由。
　我起夜上厕所的时候发现了一只。
它的毒牙咬人很疼，但听说很少会要人命——
　但我还是不要检验这种说法的真伪了吧。

32厘米

在生存模式下，你的任务清单会被
缩减为只做眼前最要紧的事情。
建造庇护所绝对是清单中
的头等大事。

游牧之夜

    很少有地方能比极寒的西伯利亚更容易让人产生荒凉之感。也很少有人比涅涅茨人更了解房屋的营建之道。涅涅茨人的帐篷——类似于北美印第安人的梯皮帐篷——就是为在严寒地区生存而设计的，并且便于携带，很适合牧民赶着驯鹿在牧场之间转场。而这种名叫维格沃姆（wickup）的窝棚也是基于类似的理念设计出来的：不仅能维持基本生存，还是一个生活起居的空间。

对驯鹿牧人来说，
西伯利亚平原狼是一个越来越严重的威胁。
说实话，它们晚上的嚎叫声
真让我不寒而栗。

没有比乘坐驯鹿拉的
雪橇更好的雪地旅行方式了。

严寒天气小提示：

* 在冷杉上堆满雪，可以形成额外的保温层；
* 帐篷的入口避开迎面吹来的风；
* 铺上纯天然材料制作成"地毯"保暖；
* 生一小堆火驱寒。

泼向冰冷空气中的
水立即变成了冰晶。

夜幕降临，驯鹿变得焦躁不安。狼就在附近。
我们围着篝火在外面待了一整夜。

如何搭建维格沃姆窝棚

1. 收集10～15根长树干或粗树枝（用于搭建主框架）。我用的是桦木和松木。

2. 把三根长木棍绑在一起，做成一个坚固的三脚支架。如果是带杈的树枝，只要把它们相互扣紧即可，不必再用绳子绑。

3. 把其余的树干绕着圈靠在三脚支架上。记得给入口留点儿空间。

4. 如果需要更宽敞的入口，可以按图中所示的办法搭出一个这样的"门框"。最好用带杈的树枝，搭起来更容易些。

你不需要任何工具或绳子，只需要把树枝紧紧扣在一起，就可以建起许多这样的庇护所。

5. 把小树枝水平编入直立的框架中。

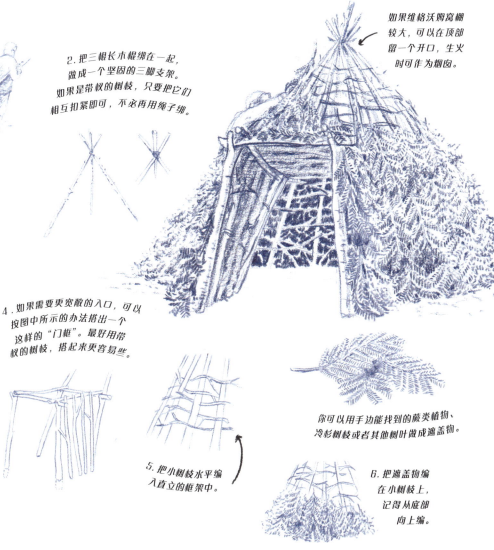

如果维格沃姆窝棚较大，可以在顶部留一个开口，生火时可作为烟囱。

你可以用手边能找到的蕨类植物、冷杉树枝或者其他树叶做成遮盖物。

6. 把遮盖物编在小树枝上，记得从底部向上编。

各式各样的庇护所

我总结了一些其他类型的庇护所，都是木制的。也许你能从中找到感兴趣的方案，或者你想自己设计一种——这些都不要紧，最重要的是走出去，开始动手搭建。

建造之前，我经常在记事本上画下一些设计思路。你也应该试试这种办法。

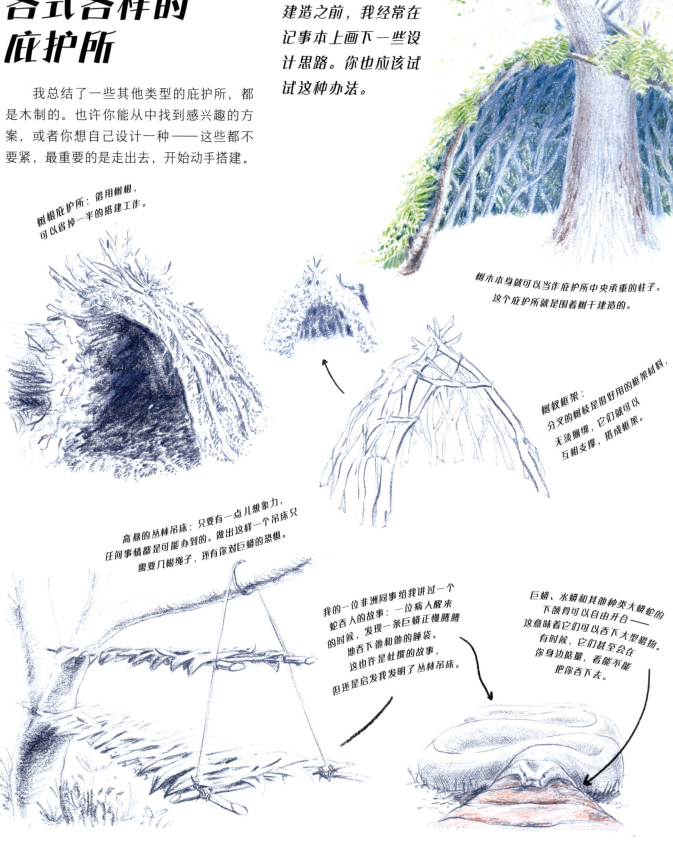

树木本身就可以当作庇护所中央承重的柱子。这个庇护所就是围着树干建造的。

树根庇护所：借用树根，可以省掉一半的搭建工作。

树杈框架：分叉的树枝是很好用的框架材料，无须捆绑，它们就可以互相支撑，搭成框架。

高悬的丛林吊床：只要有一点儿想象力，任何事情都是可能办到的。做出这样一个吊床只需要几根绳子，还有你对巨蟒的恐惧。

我的一位非洲同事给我讲过一个蛇吞人的故事：一位病人醒来的时候，发现一条巨蟒正慢腾腾地吞下他和他的睡袋。这也许是杜撰的故事，但还是启发我发明了丛林吊床。

巨蟒、水蟒和其他种类大蟒蛇的下颌骨可以自由开合——这意味着它们可以吞下大型猎物。有时候，它们甚至会在你身边掂量，看能不能把你吞下去。

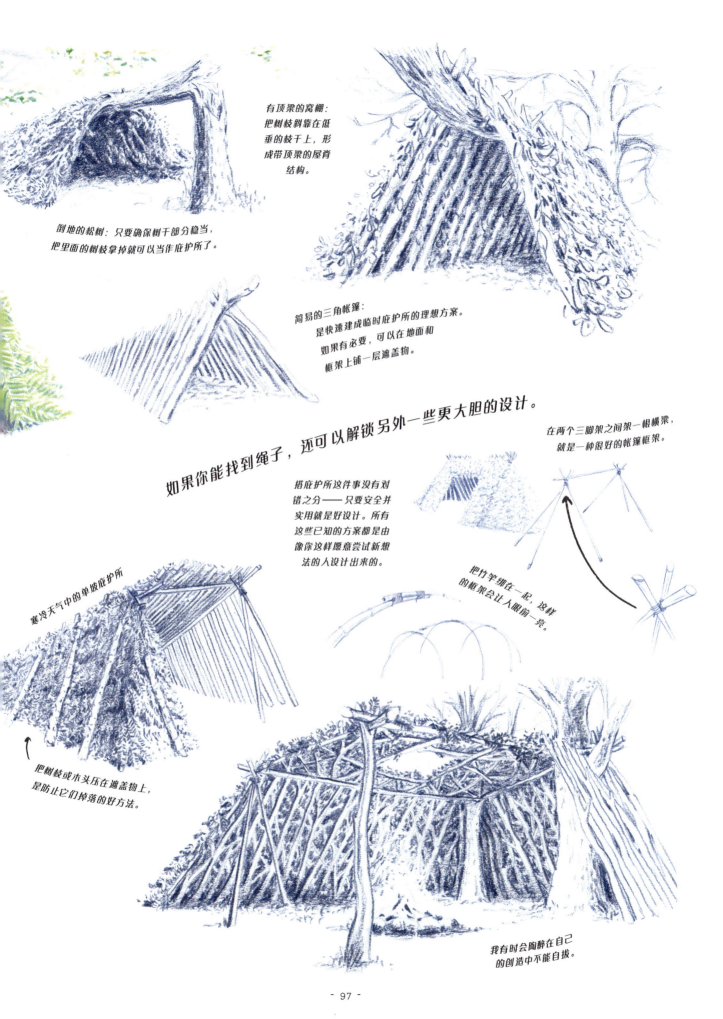

有顶梁的窝棚:
把树枝斜靠在低垂的枝干上,形成带顶梁的屋脊结构。

倒地的松树:只要确保树干部分稳当,把里面的树枝拿掉就可以当作庇护所了。

简易的三角帐篷:
是快速建成临时庇护所的理想方案。
如果有必要,可以在地面和框架上铺一层遮盖物。

如果你能找到绳子,还可以解锁另外一些更大胆的设计。

搭庇护所这件事没有对错之分——只要安全并实用就是好设计。所有这些已知的方案都是由像你这样愿意尝试新想法的人设计出来的。

在两个三脚架之间架一根横梁,就是一种很好的帐篷框架。

把竹竿绑在一起,这样的框架会让人眼前一亮。

寒冷天气中的单坡庇护所

把树枝或木头压在遮盖物上,是防止它们掉落的好方法。

我有时会陶醉在自己的创造中不能自拔。

有些遮盖物只有用一圈树枝压住，才能待在陡峭的墙体上不掉下来。

遮盖物、舒适度和伪装

"不在乎舒适度的人都是蠢蛋，无论他有多坚强。"这个朴素的真理是我在西伯利亚徒步旅行时无意中听到的。我在这里汇总了一些能让你的野外庇护所变得更舒服的好办法。

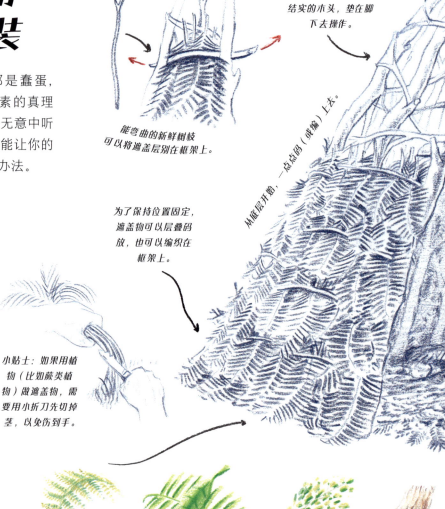

高处也要遮好，够不到的话，可以找一块结实的木头，垫在脚下去操作。

能弯曲的新鲜树枝可以将遮盖层别在框架上。

从底层开始，一点点码（或编）上去。

为了保持位置固定，遮盖物可以层叠码放，也可以编织在框架上。

遮盖物

庇护所的外表面通常是最容易被忽视的，但抵御寒冷、隔绝湿气全都依靠它。你可以根据所处的环境选择合适的方案。

你的庇护所应该保护你免受：
* 风吹；
* 雨淋；
* 日晒；
* 严寒。

小贴士：如果用植物（比如蕨类植物）做遮盖物，需要用小折刀先切掉茎，以免伤到手。

材料	冷杉树枝	蕨类植物	大树叶/棕榈叶	枝叶	树皮
保温性 /5	4	3	3	3~4	3
耐用性 /5	5	3	4	3	5
使用容易度 /5	5	4	4	3	5
舒适度 /5	4	4	4	3	3

收集遮盖物需要花些时间。如果是组团出行，
及时多派些人出去寻找吧。

伪装

有时候，你可能想找个隐蔽的地
方藏起来。危险程度不同，所需
要的伪装手段也有差异。关键是
你要把庇护所建在与遮盖材料所
处环境差不多的地方。

秋天的枯叶是很好的伪装物，
尤其适用于低矮的帐篷。

我必须承认，我总能给自己
做出最柔软的床。

由新鲜的冷杉做成的
地毯既舒适又暖和。

舒适的居住条件

庇护所一旦建好，你就可以着手改善
居住条件了。直接睡在地上会很冷，
所以最好铺上"地毯"，还可以把座
位和床铺架高。

如何做一张床

1. 至少找两根比较粗的原
木（长度应该大于你的肩
宽），把它们并排放好——
这是床的"床腿"。

2. 在"床腿"上沿着从头到脚的
方向摆一排笔直的长树枝。
如果你找不到那么多长树枝，
也可以在两个"床腿"之间再
各摆一根原木，然后在上面
平着铺一些较短的树枝。

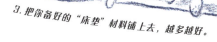

3. 把你备好的"床垫"材料铺上去，越多越好。

苔藓	干草/长草	干树叶	雪	木棍	草皮
5	4	3	5	2	4~5
3~4	3	2	1~5	3~4	4
3	4	4	4	4	4
5	5	4	2	2	3

倒下的大树，现成的窝棚

和庇护所一样，每个藏身的窝棚都有它最适合的天然环境。比如这个窝棚，充分利用了倒下的树木所形成的天然框架，让整棵树都派上了用场。围绕着树枝，不仅可以建造出布局复杂的"房间"，还能在房间外面建个走廊。

这棵树是被连根拔起的，所以我在根部周围建了一个单独的房间，里面甚至还有个沙发。

木板——你也可以使用任何你能找到的材料。

窝棚和庇护所十分类似。你都需要就地取材，亲手搭建，最好还有点儿想象力。虽然它们看起来差不多，但还是会有一些细微的区别。

窝棚与庇护所的差异：

* 搭建庇护所，通常只要适合居住就可以完工了，而窝棚常常需要持续不断地进行扩建和修缮。

* 庇护所的建造需求往往出现在探险途中，最好能迅速建成。而窝棚更固定，像是探险活动的大本营。

* 庇护所通常会采用经过反复验证的设计方案。而窝棚的唯一规则就是安全，其他一切都取决于你的想象力。

* 庇护所大多在户外，通常由天然材料建成。而窝棚几乎可以用任何东西搭在任何地方。

窝棚就像庇护所的堂兄弟，
　　但是它从不循规蹈矩。
　　　　它有自己的规则。

一条可供
攀爬的绳索，
通向高处的
瞭望台。

　　要想提高庇护所的建造技能，
搭个窝棚恐怕是最好的锻炼机会了。

庇护所变成了家

虽然这是很多年前的事，但感觉就像昨天才发生的一样——这个小岛曾经是我的家。

在一次只身横渡太平洋的探险活动中，一场风暴让我失去了帆船桅杆。特别幸运的是，我当时就在一个环礁岛附近。不过，岛上无人居住。是这张纸条最终把我从塔库特阿岛[11]（后来我查到了那个岛的名字）解救了出来。一个小女孩在 320 千米之外的海滩上发现了我的漂流瓶和纸条，并交给了她的父母。如果没有这位具有好奇心的女孩，我今天还会住在这个荒岛的庇护所里。你也就读不到这些了。

罐子和大桶

这个埋在沙子里的大桶
不但储备了应急饮用水，
还像锚一样固定住了庇护所。

用海鸥的羽毛作帆。

* 这四句话分别为英语、斐济语、日语和西班牙语，均为"求助！"之意。

佩雷格里诺比萨

船名：吉卜赛流浪者
最后的可知坐标：
南纬 19° 37′ 18″
西经 158° 8′ 34″

S.O.S.

这条求助消息是真的，有船只遇难了。急需救援。桅杆损坏，单身男性被困在一座约 800 米宽的偏远环礁岛上。在东南约 15 千米处可见更大的环礁。

如果发现这条消息，请与救援部门联系。

HELP！
kere veivuke！
助けて！
¡Ayuda！*

把纸条卷成筒。

只要敞开围栏，我就不会
错过任何一艘过往的船只。

塑料瓶浮子

修补好的渔网——
这是我主要的
捕食工具。

绑些石头
作为铅坠。

这是我用好不容易找到的一支
旧圆珠笔写下的求救信息。
除了这张比萨店菜单，实在没有
更适合的东西可以用来写字了。

放些石头可以让瓶子
在漂浮的时候保持直立。

我给漂流瓶取名利文斯顿——不是那
位探险家，而是海鸥的名字。[12] 我对
塑料瓶进行了改造，这样它就能远航，
而且看起来很不寻常——否则没人会
注意到它，更没人愿意捡起来。

我看着利文斯顿朝日落的方向漂去。
不知道这一趟它会在哪里停下脚步。

想到我吃剩下的炖螃蟹和椰子壳
还漂在海面上，总感觉怪怪的。

悬臂式瞭望台：
树干上的悬臂设计
足以支撑我的体重。

我绕着一棵棕榈树的
树干搭了个窝棚。

棕榈叶做成的天然屋顶

破旧的冲浪板

椰子储藏室

挂在棕榈树树干
上的渔网吊床

海岛窝棚

这是我住了六个月的家，姑且叫它窝棚吧。它
从里到外都是我用海上的垃圾搭建起来的——
说海里堆满了垃圾一点儿也不夸张。多动动脑
子，你可以用四处散落的废品做出连自己都觉
得惊喜的好东西。

漂流木庇护所

有时，你在海滩上能
找到的木料比在森林
里还多。下次去海
边的时候可以留意
一下。

我永远不会忘记救援船出
现在海平面上的那一刻。
你看见我身上的草裙了吗——
这可能是小岛上最令我怀念的东西了。

这是我的同伴，苍蝇们也喜欢陪着它，所以我干脆叫它"嘟嘟"吧。

在沙漠里，你会习惯于（几乎）空着手去任何地方。美景、水源、一杯好茶和一头友好的骆驼就是你所需要的一切。

一望无际的沙丘绵延不绝——这绝美的景色肯定符合你的想象。

撒哈拉沙漠中的临时居所

　　只要拥有正确的知识，你也可以征服最险恶的环境。在撒哈拉沙漠探险期间，我发现了贝都因帐篷的神奇，搞明白了它独特的设计是如何适应沙漠气候的。另外，我还学会了怎样把帐篷打包放在骆驼背上。别小瞧这种帐篷，它能把荒凉的沙漠变成惬意的绿洲。

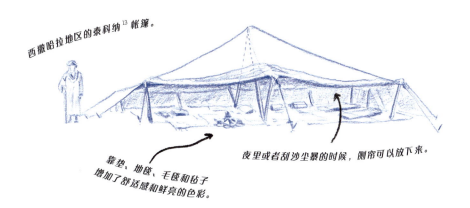

西撒哈拉地区的泰科纳[13]帐篷。

夜里或者刮沙尘暴的时候，侧帘可以放下来。

靠垫、地毯、毛毯和毡子增加了舒适感和鲜亮的色彩。

帐篷卷起来就可以用骆驼驮走。

如何搭建贝都因帐篷

晾衣绳也非常适合做帐篷的骨架结构。

找个稳当的地方（比如树枝）把帐篷绑上去。

小贴士：把被单的几个角打成结能给你省不少事。

1.用绳子把被单和毯子挂起来。

2.把单子的底部展开，并用重物压住。

3.用靠垫、毛毯和毡子（越多越好）把帐篷里布置一番。

在地毯上待着，心里出奇地平静。

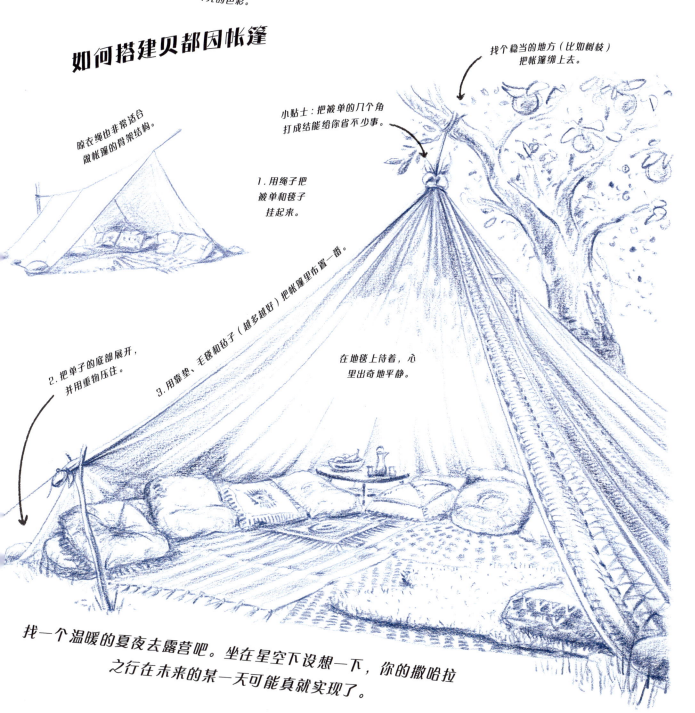

找一个温暖的夏夜去露营吧。坐在星空下设想一下，你的撒哈拉之行在未来的某一天可能真就实现了。

雪洞之夜

在暴风雪中无处藏身。

能见度降到2米。

我们轮流挖洞，每10分钟就换一次，以免等候的那个人冻伤。

要想在这种情况下不被冻伤，没有比在雪里挖洞更好的办法了。

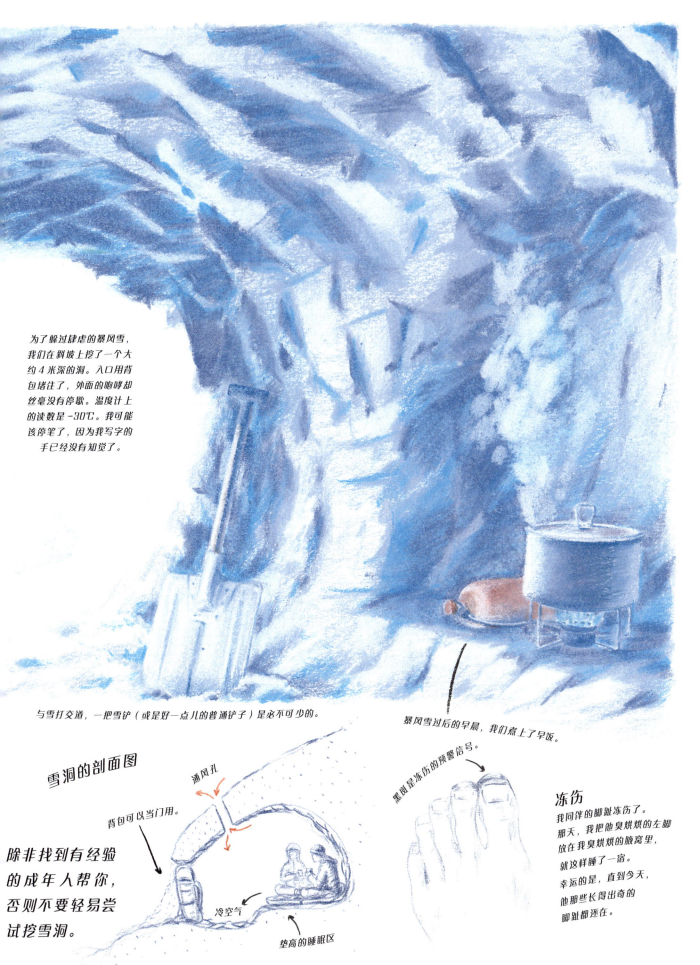

为了躲过肆虐的暴风雪，
我们在斜坡上挖了一个大
约 4 米深的洞。入口用背
包堵住了，外面的咆哮却
丝毫没有停歇。温度计上
的读数是 -30℃。我可能
该停笔了，因为我写字的
手已经没有知觉了。

与雪打交道，一把雪铲（或是好一点儿的普通铲子）是必不可少的。

暴风雪过后的早晨，我们煮上了早饭。

雪洞的剖面图

通风孔

背包可以当门用。

除非找到有经验
的成年人帮你，
否则不要轻易尝
试挖雪洞。

冷空气

垫高的睡眠区

黑斑是冻伤的预警信号。

冻伤

我同伴的脚趾冻伤了。
那天，我把他臭烘烘的左脚
放在我臭烘烘的腋窝里，
就这样睡了一宿。
幸运的是，直到今天，
他那些长得出奇的
脚趾都还在。

冰雪庇护所

寒冷的环境对你的生存技能是一种考验。幸运的是，雪是建造庇护所的好材料之一。这里有一些我曾经搭过的冰雪庇护所。

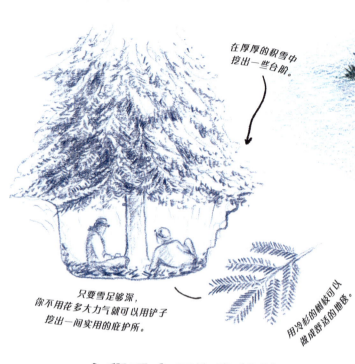

在厚厚的积雪中挖出一些台阶。

只要雪足够深，你不用花多大力气就可以用铲子挖出一间实用的庇护所。

用冷杉的树枝可以做成舒适的地毯。

树基雪屋

大雪过后，针叶树低矮的树枝变成了完美的庇护所。

如果雪积得不够深，可以像这样在树木周围堆出一圈雪墙。

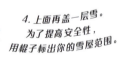

在积雪中开沟和挖坑

探险家很喜爱在厚实的积雪中挖沟，这样简单且高效。这还是锻炼胳膊上肌肉的好时机。

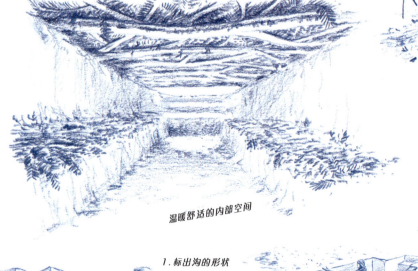

温暖舒适的内部空间

4. 上面再盖一层雪。为了提高安全性，用棍子标出你的雪屋范围。

3. 用冷杉树枝把顶部完全覆盖。

你把坑道挖成什么形状都行，充分发挥你的想象力。

1. 标出沟的形状后就可以开挖了。挖到一定的深度，就可以用铲子或铁锹砌出台阶、座位甚至是床。

2. 在坑道顶上铺一些结实的木头，滑雪板也可以。

木条的每一端都应该比沟槽边缘长出至少 30 厘米。用小树枝填补中间的空隙。

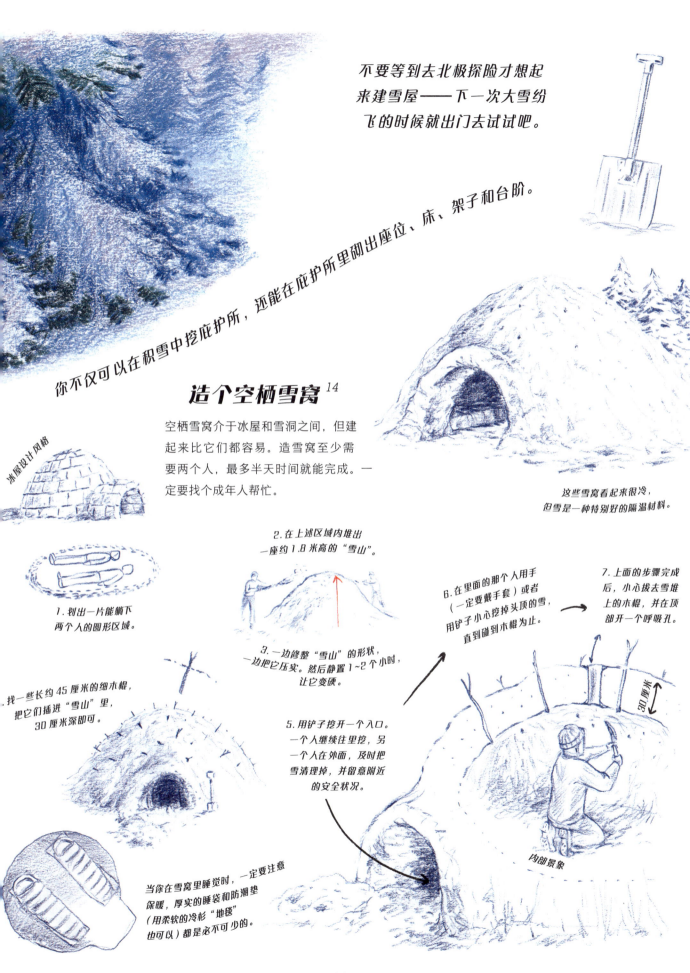

不要等到去北极探险才想起来建雪屋——下一次大雪纷飞的时候就出门去试试吧。

你不仅可以在积雪中挖庇护所，还能在庇护所里砌出座位、床、架子和台阶。

造个空栖雪窝 [14]

空栖雪窝介于冰屋和雪洞之间，但建起来比它们都容易。造雪窝至少需要两个人，最多半天时间就能完成。一定要找个成年人帮忙。

这些雪窝看起来很冷，但雪是一种特别好的隔温材料。

冰屋设计风格

1. 划出一片能躺下两个人的圆形区域。

2. 在上述区域内堆出一座约 1.8 米高的"雪山"。

3. 一边修整"雪山"的形状，一边把它压实。然后静置 1~2 个小时，让它变硬。

4. 找一些长约 45 厘米的细木棍，把它们插进"雪山"里，30 厘米深即可。

5. 用铲子挖开一个入口。一个人继续往里挖，另一个人在外面，及时把雪清理掉，并留意附近的安全状况。

6. 在里面的那个人用手（一定要戴手套）或者用铲子小心挖掉头顶的雪，直到碰到木棍为止。

7. 上面的步骤完成后，小心拔去雪堆上的木棍，并在顶部开一个呼吸孔。

30 厘米

内部景象

当你在雪窝里睡觉时，一定要注意保暖，厚实的睡袋和防潮垫（用柔软的冷杉"地毯"也可以）都是必不可少的。

在这么高的地方，任何一点儿错误都可能是致命的。幸运的是，科罗威人在很年轻的时候就成了技艺高超的攀登者。你能认出那位年轻的攀登者吗？

建造者们把铁树的细树干绑在一起，搭建出复杂的梯子和框架，直通云霄。

结实的藤蔓可以用来把建筑材料运到高处。

我站在树冠上，身边鸟儿环绕，像是进入了一个隐秘的世界。

飞越天堂

在世界的一个遥远角落，印度尼西亚巴布亚省的热带雨林深处，你可以找到真正的树屋。在这次探险活动中，我和科罗威部落的人住在一起。他们是了不起的树屋建筑大师。一些树屋伸进了高高的树冠，最初被设计出来只是为了让人们躲避部落战争。毫不夸张地说，在他们的家里睡一觉是一生必须经历一次的冒险体验。

大极乐鸟

我的速写本很快就被不可思议的野生动物占满了，其中有一些令人难以置信。

巴布亚省是地球上最原始的栖息地之一。

我晚上的同伴。在这么高的地方发现一只宠物狗着实让人惊讶。

树皮床垫。

夕阳的余晖落在最高的树叶上。遥远的地平线上，雨林散发出温暖的粉色光芒。树冠之下，冰冷的黑暗正在悄悄聚集。

透过树皮铺就的地板向下看，下方的丛林地面给人一种超现实的感觉。我提醒自己，这绝不是梦游的好地方。

建造树屋的原则

每棵树和每间树屋都是独一无二的，但它们都有一些共同点：

* 建筑材料；
* 结实且稳定的平台；
* 把材料固定在一起的方法；
* 总会用到某种类型的梯子；
* 巧妙的装置；
* 安全性以及对树木的保护。

当心：在高空施工是很危险的，务必向有经验的成年人寻求帮助。

原材料

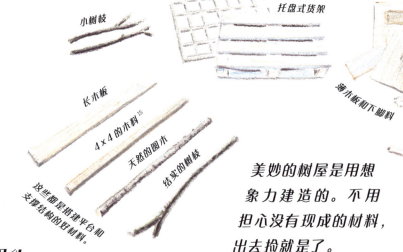

小树枝

栅栏

托盘式货架

旧门板

海木板和下脚料

厚木板

长木板

4×4的木料[15]

天然的圆木

结实的树枝

这些都是搭建平台和支撑结构的好材料。

竹子

美妙的树屋是用想象力建造的。不用担心没有现成的材料，出去捡就是了。

梯子

在高处施工，好的梯子是必备的。

工具

取决于设计方案——如有必要，请在成年人的帮助下使用：

* 锯；
* 刀；
* 锤子；
* 钻和螺丝刀；
* 扳手。

紧固件

钉子

螺丝钉

方头螺栓

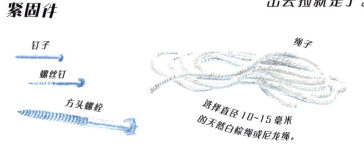

绳子

选择直径10~15毫米的天然白棕绳或尼龙绳。

固定方法

搭建平台和支架有好几种方法。研究一下，看哪一种最适合你选中的树和设计方案。

螺栓固定

适合尺寸更大、使用年头更长的树屋。

方头螺栓

一两个方头螺栓就能承受住很大的重量。由于树木还会生长，所以螺栓应该和托架配合使用。

往树枝上绑东西，请用粗麻布或橡胶，把树皮保护起来。

捆绑

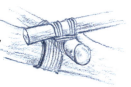

四方编结是一种简单且有效的绳结。

楔牢

如果有条件，把主要的支撑梁楔入树枝之间合适的"V"形分叉中。

这样对树木的损害比较小。

对圆形的木材和树枝，编结捆绑是比较适合的固定方式。

可以固定在梁架上的螺栓托架。

螺栓配合托架的固定方式为树木生长变粗留出了空间。

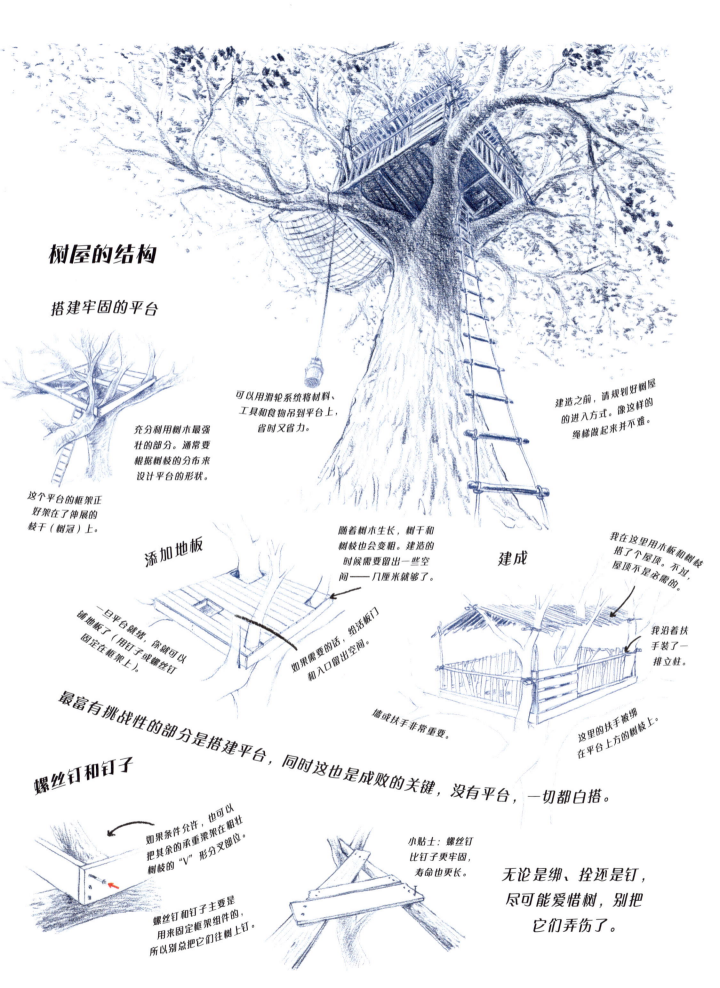

树屋的结构

搭建牢固的平台

充分利用树木最强壮的部分。通常要根据树枝的分布来设计平台的形状。

这个平台的框架正好架在了伸展的枝干（树冠）上。

可以用滑轮系统将材料、工具和食物吊到平台上，省时又省力。

建造之前，请规划好树屋的进入方式。像这样的绳梯做起来并不难。

添加地板

一旦平台就绪，你就可以铺地板了（用钉子或螺丝钉固定在框架上）。

随着树木生长，树干和树枝也会变粗。建造的时候需要留出一些空间——几厘米就够了。

如果需要的话，给活板门和入口留出空间。

建成

我在这里用木板和树枝搭了个屋顶。不过，屋顶不是必需的。

我沿着扶手装了一排立柱。

墙或扶手非常重要。

这里的扶手被绑在平台上方的树枝上。

最富有挑战性的部分是搭建平台，同时这也是成败的关键，没有平台，一切都白搭。

螺丝钉和钉子

如果条件允许，也可以把其余的承重梁架在粗壮树枝的"V"形分叉部位。

螺丝钉和钉子主要是用来固定框架组件的，所以别总把它们往树上钉。

小贴士：螺丝钉比钉子更牢固，寿命也更长。

无论是绑、拴还是钉，尽可能爱惜树，别把它们弄伤了。

其他种类树屋的设计说明

高架树屋

这种设计使用木桩和树干来支撑平台区域。这种结构尤其适合树枝太高或过于稀疏的中小型树木，而且适合添加精巧的装置。

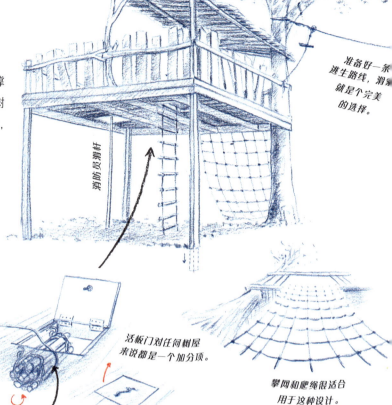

准备好一条逃生路线，滑索就是个完美的选择。

消防员滑杆

这个方法很适合那些树冠太小或够不着的树。

木杆垂直插进地里，为平台提供坚实的支撑。

如果有条件的话，其他树的树干也可以加以利用。

可卷起的绳梯，用于阻挡不速之客。

活板门对任何树屋来说都是一个加分项。

攀网和爬绳很适合用于这种设计。

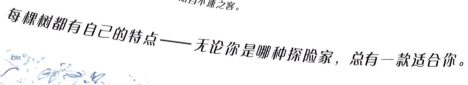

每棵树都有自己的特点——无论你是哪种探险家，总有一款适合你。

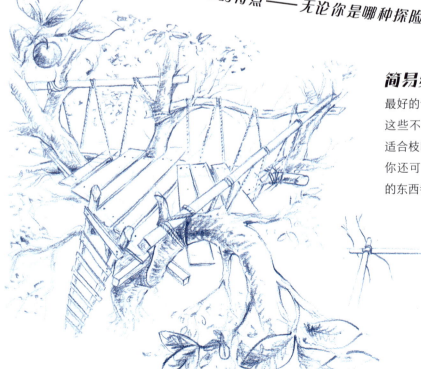

简易绳捆平台

最好的设计往往是最简单的。这些不怎么复杂的结构就很适合枝叶繁茂的中小型树木。你还可以就地取材，把捡来的东西都用上。

这种平台非常适合枝杈特别舒展的树。

支撑梁被搭在树枝上，再用绳子捆结实。

这个扶手是用绳子在两根横梁之间编织而成的。

在两棵树之间固定框架效果不错，但是必须要考虑到可能会有位移。

树顶高屋

这是一种可以固定在单个树干上的更高级的树屋。对那些想要在粗壮的大树上搭建树屋的人来说，这种看起来雄心勃勃的设计十分理想。

将主支撑板用螺栓固定在树干上。

将平台框架搭建在支撑框架上。

为了避免对树木造成伤害，先仔细想好螺栓的位置再动手。

在框架的四个角加上支撑杆可以加固平台。

适合树干较长的树，最好是中到大型树木。

适合枝杈舒展的大型树木。

再修一条悬空的通道——适合胆大的建造者。

空中综合设施

这种向各个方向铺展的树屋有很多层，多建在树冠巨大、枝杈舒展的树上，很适合有雄心的搭建者。

废旧的托盘式货架和木板都是理想的建筑材料。

树有多大，树屋就可以有多大。

设计一处夜间
森林庇护所

露营很有趣。而建造自己的庇护所并睡在里面，会让冒险活动的野味更浓。在森林庇护所中露营将会是一个很好的起点。那是一种神奇的体验，而你身边也不会缺乏搭建庇护所的材料。

必须赶在天黑之前把东西都准备好。这种急迫感反倒让人兴奋。

选择地点：

* 实地勘察，并研究地图；
* 要找那种你进得去的林地或森林；
* 去不了森林的话，花园也可以考虑。

哪里适合搭建庇护所：

* 能就近获取木材的地方；
* 地势平坦；
* 开阔的空地（如果打算生火的话）；
* 远离不健康的树木。

查查天气预报。如果有雨或者温度低，意味着你的庇护所需要更多的遮盖物和保暖材料。

如何搭建人字形庇护所

装备和物品

同行的成员需要分工协作。大家可以先分头去收集覆盖外墙用的材料。

食物和饮料

找一些结实的木棍和树枝——这些是最重要的结构材料。

保暖的衣服

小贴士：先看看你们找来的各种材料，想好它们的用途以后再决定庇护所的类型。

如果打算在炉子上做饭，带上必要的装备和炊具。

露营装备

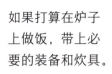

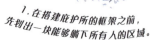

1.在搭建庇护所的框架之前，先划出一块能够躺下所有人的区域。

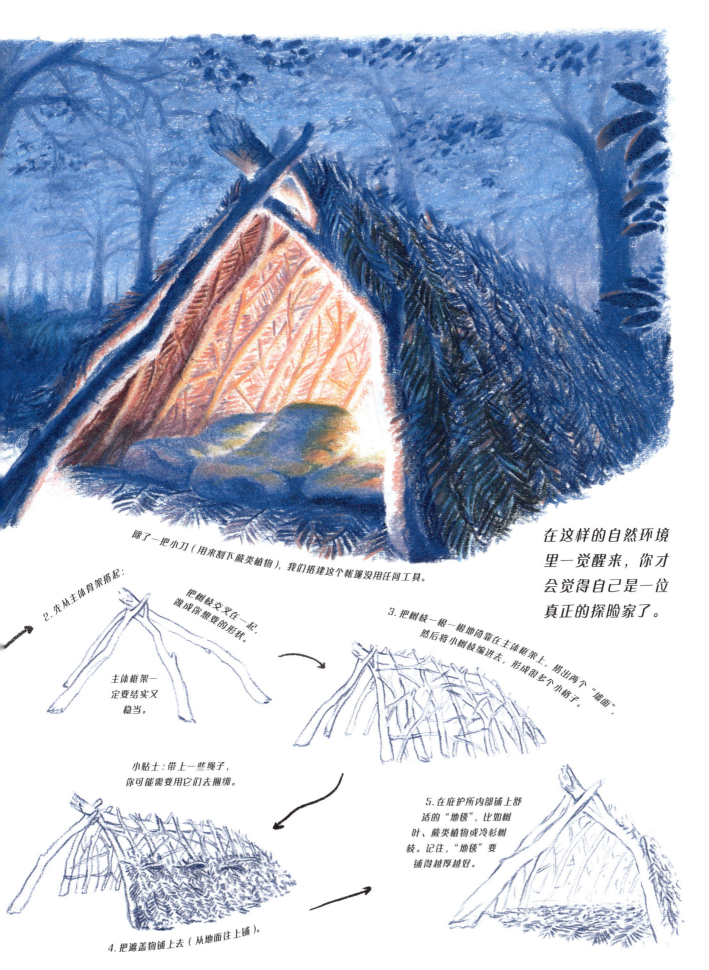

除了一把小刀（用来割下蕨类植物），我们搭建这个帐篷没用任何工具。

在这样的自然环境里一觉醒来，你才会觉得自己是一位真正的探险家了。

2. 先从主体骨架搭起：

把树枝交叉在一起，做成你想要的形状。

主体框架一定要结实又稳当。

3. 把树枝一根一根地倚靠在主体框架上，搭出两个"墙面"，然后将小树枝编进去，形成很多个小格子。

小贴士：带上一些绳子，你可能需要用它们去捆绑。

5. 在庇护所内部铺上舒适的"地毯"，比如树叶、蕨类植物或冷杉树枝。记住，"地毯"要铺得越厚越好。

4. 把遮盖物铺上去（从地面往上铺）。

沙尘暴马上就要来了！想象一下，沙尘形成了一面 300 米高的墙。在被这面墙吞噬之前，我们已尽最大努力把帐篷固定好了——可还是低估了它的攻击力。

被沙尘暴吞噬

对撒哈拉沙漠中的沙尘暴（有时也被称为"哈布"）我早有耳闻，但从未亲身经历过。昨天下午2点刚过，骆驼们就开始躁动不安了。空气中有些异样的东西——一种你呼吸时能感觉到的沉闷。没过多久，东方的地平线上就出现了沙尘暴的迹象。很快，一堵巨大的沙墙就到了目力可及的地方。

我们赶紧把东西都捆起来。骆驼跪在地上，还算镇定。我们用头巾把头和脸都严严实实地裹住，又用力把帐篷系紧，然后就只能等待了。

沙尘暴开始袭击我们。它像一位咆哮的巨人，撕毁了前进道路上的一切。几秒钟之内，空气中就充满了沙子和灰尘，让人透不过气。我们用尽全力抓住帐篷的木支架。没过多久，帐篷的一个角就被吹开了，我们挣扎着把它绑回去。头顶上方，天空变成了火红色，如同地狱中的景象。尘土不断地钻进我的眼睛和鼻孔，我们觉得自己就要被沙子活埋了。我只能勉强看清楚脚下的地面。就在那一刻，帐篷彻底被吹翻了，消失在红色的尘土中。

我躺在那儿，一边在沙子里挣扎，一边认真地思考一个问题：为了追求冒险而经受这样的痛苦，到底值不值得？但最终沙尘暴还是过去了……我的愠怒也跟着一起消失了。两天后，我们在65千米开外的沙丘上找到了逃跑的帐篷，它倒是为沙丘增色不少。

你准备好踏入

未知世界了吗？

在巨大的乌齐瀑布[16]
脚下，眼见耳闻都让
我们感受到一股势不
可挡的力量……尤其
是在我们有过那些探
险经历之后。

探索

当你眺望远山或者蜿蜒的河流，可曾想过山的另一边是什么，遥远的河湾尽头是怎样的世界？总有人告诉我们，最好别去那些遥不可及、边界之外的地方。可是那些地方总是牵动着我们的好奇心，让我们萌生出去探索一番的冲动……遗憾的是，我们中的大多数从来没有踏出过第一步。

伟大的极地探险家欧内斯特·沙克尔顿（Ernest Shackleton）曾写道："探索并触碰未知世界是我们的天性，而唯一真正的失败恐怕是根本不去探索。"我相信他是对的。

幸运的是，只要有一点儿勇气，加上一些基本的技能和周密的计划，所有那些失落的世界都将向你敞开，等着你去发现。

探险任务……

探险的核心是任务或目标。任务千差万别，取决于你想发现什么——换句话说，你要探索怎样的未知世界？你可以挑战一座高山，登上险峰去看云海之上的世界；也可以探索一片茂密的森林，追寻其中野生动物的身影。

既然打算动身了，何不挑一条最让你兴奋的线路呢？这里有一些建议可供参考。

走进森林深处——
大自然中最神秘的栖息地。

陆地与海洋的交汇处
往往会有意外的发现。

有时候，你的脑海中会闪现出一个既令人兴奋又让人害怕的想法……

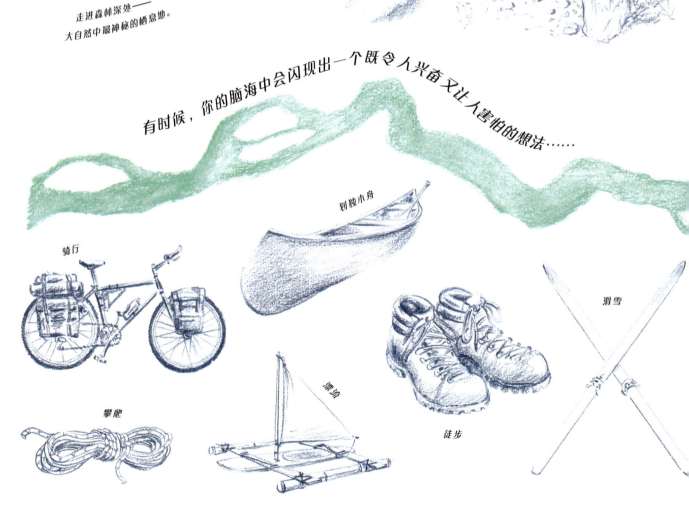

骑行

划独木舟

滑雪

攀爬

漂流

徒步

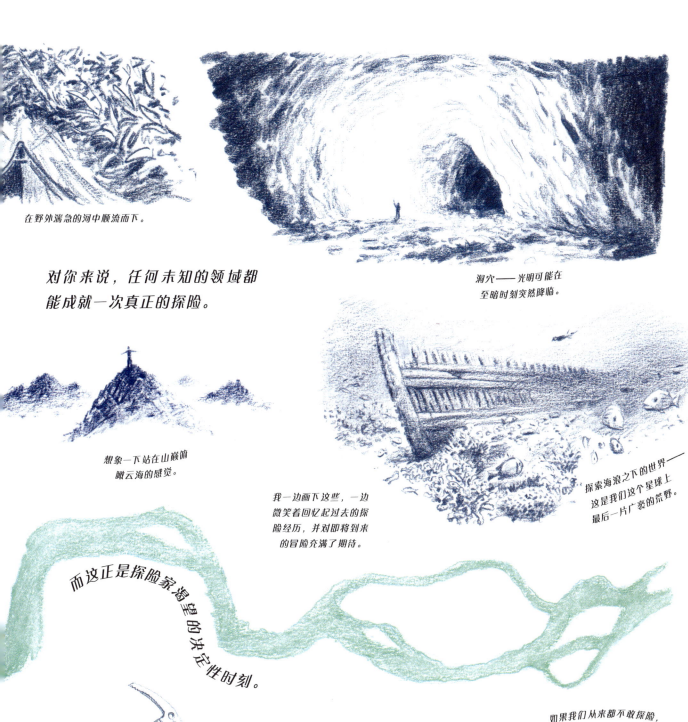

在野外湍急的河中顺流而下。

洞穴——光明可能在
至暗时刻突然降临。

**对你来说，任何未知的领域都
能成就一次真正的探险。**

想象一下站在山巅俯
瞰云海的感觉。

我一边画下这些，一边
微笑着回忆起过去的探
险经历，并对即将到来
的冒险充满了期待。

探索海浪之下的世界——
这是我们这个星球上
最后一片广袤的荒野。

而这正是探险家渴望的决定性时刻。

登山

如果我们从来都不敢探险，
这本书里的很多场景
都只能在梦中才见得着。

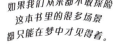

骑马

与探索之道

你有很多不同的方式去探索各种各样的
环境。有些你已经了解了，有些可能会成为
你一生的挚爱，但每一种都将带给你不可思
议的冒险体验。

潜水

太平洋里的生物荧光——当我们
对这些魔法般的光亮有些习以为
常时，更神奇的事情发生了：
一群海豚在我们的皮艇
下争先恐后地追猎
鱼群……

准备好迎接突发事件

我在澳大利亚的一条
小溪边洗盘子时，无意间发现了
一块重达10克的纯金块。为了避免
真正的野生栖息地惨遭破坏，
我就不透露确切的"淘金"地点了。

开始任何探险活动之前，务
必提前了解其中的风险并做
好应对计划。

在南极洲，积雪在我的脚下
陷落，地面出现了一个深不
见底的冰隙。所幸裂缝不太
宽，我的滑雪板刚好能跨过
去——要是再宽一
点儿，它就该把我整
个吞下去了。我探头
往冰隙深处看了一
眼，差点儿被吓出
尿来！

这为我们呈现了一场惊艳的水下烟火表演。

我和一只山区里的狗过招之后，一位好心的老妇人在我的屁股上涂了碘酒……我敢肯定这是那天我们谁都没想到的小插曲。

其实，人的屁股是咬上一口的好地方。记得远离有攻击性的动物，实在不行就绕道走。

我孤身一人站在意大利一道偏远的山脊上，山坡上突然出现了无数的彩色翅膀。探险过程中总会充满了这样的"魔法时刻"。

"那是什么声音？"这可能是我问过的最重要的问题——我的朋友停下脚步。他刚转过身，前面的小路瞬间消失，掉落的石头、剐下的树木和飞扬的尘土竟然形成了一堵墙。

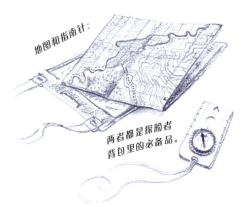
地图和指南针
两者都是探险者背包里的必备品。

探险家的装备和物资

露营装备:
如果你要露营,记得带上露营装备。

随着探险地点和方式的不同,你的装备需求也会发生变化,但有一些实用的必备品在大多数探险者的背包里都找得到。我把它们都列出来了。

看看任何一个探险家的背包,你会发现每样东西都有它的用途。

雨靴:
适合在多雨的天气中短途旅行。

运动凉鞋:
适合在河流和海岸探险。

鞋子的选择
如果你打算穿登山靴,一定要提前上脚磨合一段时间,以免长途跋涉磨出水泡。

旧的运动鞋:
一专多能的全能鞋。

登山靴:抓地力强,当背着背包徒步旅行时,还可为脚踝提供有力的支撑。

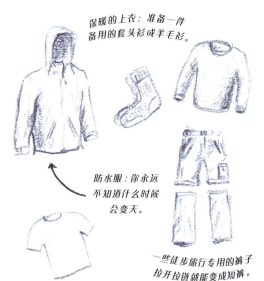
保暖的上衣:准备一件备用的套头衫或羊毛衫。

防水服:你永远不知道什么时候会变天。

一些徒步旅行专用的裤子拉开拉链就能变成短裤。

衣服和外套
小贴士:
* 根据天气和探险的类型选择适合的衣服;
* 穿着舒适透气的衣服(徒步时这点尤其重要);
* 棉质的衣服会锁住汗水,可能会磨破皮肤,这种情况在长途跋涉过程中更有可能发生。

帽子和手套:在寒冷的天气中为你保存热量。

遮阳帽:提供必要的防晒保护。

太阳镜   防晒霜
这些东西在雪地上和骄阳下都能派上用场。

装备

手电筒/头灯:即使是白天进行的探险活动,也很有必要带上(以防意外迷路)。

救生毯:用于对抗恶劣天气,御寒、防晒皆可。

水瓶:把水备足了再出发。

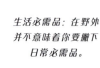
生活必需品:在野外并不意味着你要撇下日常必需品。

手表

小折刀/多功能刀:完成各种任务的实用工具。

口哨:遇到麻烦时,吹响它呼救。

急救包:一行人准备一个就够了。

救生宝盒

防虫喷雾

小相机
你永远也不知道,自己会突然想记录下哪些出乎意料的景象。

双筒望远镜:非常适合观察野生动物。

打包只意味着一件事——探险即将开始。

背包

你甚至可以用裤子给自己做个应急背包。

背包顶部：不太沉/轻便的物品——随时取用的衣服、外套和零碎的小东西。

中部（贴身）：较重的物品——备用的水、帐篷和炊具。

中部（外侧）：不太沉/轻便的物品——衣服和食物。

底部：体积很大但重量轻的物品——睡袋。

肩带：腰带系好以后再调整肩带。

外部绑带：用它们把你的露营垫绑在背包外面。

基本知识：

* 确保你的背包背着舒适；
* 如果背包开始摇晃，请立即重新调整背带；
* 仔细打包——重心不稳的背包很危险；
* 背包有很多种尺寸。请选择适合你身体条件和探险类型的型号。

腰带：腰带位于你的髋骨之上，承担了背包的大部分重量。

防水罩：有些背包还配了非常方便的防雨罩，但它们并不是完全防水的。

探险背包

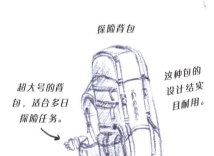

超大号的背包，适合多日探险任务。

这种包的设计结实且耐用。

它留出了多余的空间放置露营装备。

周末旅行背包

小贴士：背带可调节，确保贴合身体。

对周末探险来说绝对够用了。

还有一条腰带帮你的肩膀分担重量。

尺寸较小，适合单日短途探险。

普通背包

小贴士：你也可以把背包里的东西放进塑料袋或垃圾袋中来防水。

便于快速取放东西的外侧口袋使它成为自行车探险和小规模探险的理想之选。

食物

值得考虑的几个因素：
* 你需要备几人份的食物？如何烹制？
* 最好是不需要冷藏，营养丰富又便携的食材；
* 对于长途旅行或者是你想烹饪食物的情况，就需要单独制订更全面的计划。

午餐：面包、奶酪和腌肉都是很好的补给。

盒饭：把三明治或煮熟的意大利面装在结实的餐盒里。

零食：水果和坚果对鼓励你坚持下去很有帮助。

紧急口粮：糖果和巧克力有助于迅速补充能量。

一定要提前计划好如何在探险过程中补给饮水。

水

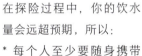

在探险过程中，你的饮水量会远超预期，所以：
* 每个人至少要随身携带一瓶水；
* 长途旅行或天气炎热时，团队还要带好备用水；
* 别喝碳酸饮料，因为它们并不能为身体提供足够的水分。

成为一名导航员

导航技能通常是使用地图来读取景观，并成功地找到方向的能力。通过练习就可以掌握这项技能，以后你就不必再为迷路而担心了。这会令你信心倍增，经验更丰富，你会有更多的机会去探索令人兴奋的地方。

导航技能：

* 留意你身边的和你经过的地区的地标和显著特征；
* 学会看地图，并能从图上想象出大致的地貌；
* 学会辨识方向（能找到东南西北）；
* 了解地貌——比如能在山谷中找到河流；
* 良好的记忆力和方向感；
* 具备时间意识。

要是云层压得很低，挡住了你的去向，指南针和地图就该派上用场了。

树林和森林

探险地图上的地貌特征图标

山谷

河流和湖泊

不同类型的地形比如沼泽

丘陵和山脉

地图上的这些细线称为等高线。它们显示了地面高出海平面的高度。

等高线越密，坡度就越陡。

伸出你的手试试，这是帮助你理解等高线是如何反映地形和高度的好方法。

如何看懂地图并熟练定位

1. 先找一处容易识别的地貌特征，并在你的地图上找到它的位置。

2. 用它做参照物，找到其他地貌，比如湖泊。

3. 旋转地图，让双眼所见和地图标示出的地理特征完全吻合。

探险家的地图
（也被称为地形图）

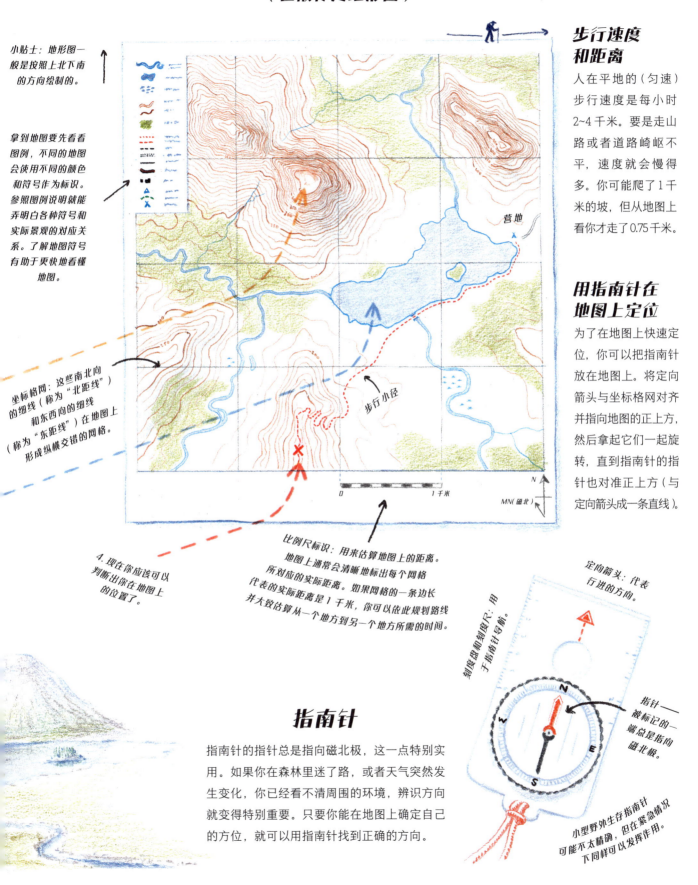

小贴士：地形图一般是按照上北下南的方向绘制的。

拿到地图要先看看图例，不同的地图会使用不同的颜色和符号作为标识。参照图例说明就能弄明白各种符号和实际景观的对应关系。了解地图符号有助于更快地看懂地图。

坐标格网：这些南北向的细线（称为"北距线"）和东西向的细线（称为"东距线"）在地图上形成纵横交错的网格。

4. 现在你应该可以判断出你在地图上的位置了。

比例尺标识：用来估算地图上的距离。地图上通常会清晰地标出每个网格所对应的实际距离。如果网格的一条边长代表的实际距离是1千米，你可以依此规划路线并大致估算从一个地方到另一个地方所需的时间。

营地

步行小径

0   1千米

N

MN(磁北)

步行速度和距离

人在平地的（匀速）步行速度是每小时2~4千米。要是走山路或者道路崎岖不平，速度就会慢得多。你可能爬了1千米的坡，但从地图上看你才走了0.75千米。

用指南针在地图上定位

为了在地图上快速定位，你可以把指南针放在地图上。将定向箭头与坐标格网对齐并指向地图的正上方，然后拿起它们一起旋转，直到指南针的指针也对准正上方（与定向箭头成一条直线）。

指南针

指南针的指针总是指向磁北极，这一点特别实用。如果你在森林里迷了路，或者天气突然发生变化，你已经看不清周围的环境，辨识方向就变得特别重要。只要你能在地图上确定自己的方位，就可以用指南针找到正确的方向。

定向箭头：代表行进的方向。

刻度盘和刻度尺：用于指南针导航。

指针被标记的一端总是指向磁北极。

小型野外生存指南针可能不太精确，但在紧急情况下同样可以发挥作用。

追寻失落
的瀑布之旅

在圭亚那那未受破坏的原始热带雨林深处，有一个神秘的瀑布。在我们完成探险之前，很多人都认为它是世界最高的瀑布，可惜没人能肯定这个说法。未知的吸引力促使我们团队中的一部分人试图找到这个瀑布——这是前无古人的事情。

我们的目标是探索未知的丛林，看看这个巨大瀑布的神话是否真的存在。当时，卫星导航技术还没有被广泛使用，我们手上只有一张 1952 年的手绘测绘地图——不过，在这张地图上，大概是瀑布位置的那个区域不见了。只剩下一种办法了……

终于，我们在渐浓的暮色中走出了丛林。在我们前面，巨大的乌齐瀑布跌入深渊，声音震耳欲聋。

向未知世界踏出第一步的感觉很刺激。我们告别了熟悉的世界，走进昏暗的雨林，不知何时才能回来。

一定记得在吊床上方挂一块篷布，否则……

1. 亚马孙巨人食鸟蜘蛛会直接落到吊床上。

用充气床渡河：我随身带了一张充气床。本打算用它来消遣，没想到在渡河的时候，它帮了我们大忙。我们中的一个人先牵根绳子，游到对岸，然后用充气床将其他人和背包——拖过河。

严重磨损的
测绘地图——
当时唯一可用
的地图。

我们本想
通过往下扔东
西然后数秒的办
法来估算瀑布的高
度。可惜扔下去的石
头和树枝都消失在浓雾
和水汽中了。最后，我
们把所有能找到的绳子都
绑在一起，还加了几根藤
蔓。瀑布的高度超过了
210 米——虽然没有传说
中的那么高，但依然是个
传奇。

大家摆好姿势准备拍张合影，在莫拉树[17] 巨大的根部面前，
人类显得多么渺小啊。其实我们已经迷路了，
但远处传来了低沉的轰鸣声。难道是那个失落的瀑布吗？

2. 阿鲁很快
就意识到了
他身上的东
西是什么。

3. 双方都毫发无
损地逃脱了——
而且以后都长记
性了。

这是探险过程中的
常态：一边穿过没
完没了的灌木丛，
一边提防着蛇。

极目远眺，大草原之外隐约
能看见伊卢 - 川门·特普伊高地[18]——
在瀑布顶上的另一边，还有一片
失落的世界正等着我们去发现。

我把手伸向了另一块岩壁。我刚爬上来，就感觉不太对劲。我抬眼一瞧，
一条巨蝮正用它暗红色的眼睛盯着我。接下来的两秒钟完全凝固住了：地球上最危险
的蛇和我只隔了几厘米，而且它的身体已经扭成了进攻的姿势。我松手放开了岩壁，
任由重力拽着我掉落。这时，盘起来的蛇身突然弹开，在我刚才探出脑袋的地方狠狠地咬了一口。再也不会有如
此令人愉悦的坠崖经历了。

为你的探险之旅做些规划

这只金雕捉了一条鲑鱼当早餐。它凶猛的样子就像它生存的环境一样令人生畏。

你大可不必跑到天涯海角——在你的眼皮底下就有很多地方可以去探索。最重要的是走出去，动起来。你想去什么样的环境中探索？先任由你的思绪翱翔一会儿吧。我在这儿写了一些建议供你参考。邀请大人们和你一起制订个探险计划吧。

一定要照顾到团队中经验最欠缺的人，请根据他们的能力来组织探险活动。探险需要团队协作，不能让任何人掉队。

探险家的必备清单

出发前，检查一下这些条件是不是都满足了：
* 团队里至少有一名经验丰富的（成年）成员；
* 准备了精准的地图和指南针（如果有必要，可以在地图上明确标出路线）；
* 预估了所需的时间以及路上可能遇到的风险；
* 掌握了最近更新的天气预报，并备好了适合的装备、衣服、食物和饮用水，为探险做好充分准备；
* 应急电话号码清单；
* 有一位留守的成年人，她／他知道你们的行踪，包括你们要去哪里，走哪条路，预计什么时候回来。

在一些海滩上能发现恐龙化石，它们有的已经2.5亿年未见天日了。

好好做功课——有很多沉船在等待着你去发现。

去海岸探险

每个海岸都有自己的独特之处，都值得去一探究竟。每当潮水退去，一些隐藏在海洋深处的奇观便会显露出来：可能是古老的沉船，还可能是躲在岩石间潮水潭中巨大的甲壳类动物。当你鼓起勇气钻进由海浪冲刷出来的昏暗洞穴，便会发现从远方漂来的各式各样的宝藏。

留意潮汐的动向——千万不要被浪卷走了。

世界上的每个海岸都有不可思议的生物等着你去发现。

去森林中探险

深入巨树的世界，探寻古老的橡树和山毛榉王国。在神奇的冷杉林中找寻野生动物的踪影，或者爬上树冠去看看顶部的世界。在森林里，有太多的未知在等着你去发现。

如果你可以不发出声响，就能近距离接触到森林里奇异的飞禽和走兽。

有时候需要在野外过夜，而森林是搭建庇护所的绝佳场地。

拿一卷绳子，试着找找最粗的树。

想象一下，世界上有些树需要40多米长的绳子才能围得住。

留意动物的足迹，看看它们去哪儿了。如果你看到这样的爪印，留下它的要么是一只狗，要么是一匹狼。

探寻世界之巅

如果你感觉到群山开口和你说话了，别担心，你没有疯——你是幸运儿！努力攀登所带来的回报是难以言表的。对大多数人来说，山顶并不在舒适区里。但对探险家而言，这里是最舒适的地方。

体会一下变得无比渺小的乐趣吧……与真正的巨石比起来，这一块就像是颗鹅卵石。

在你积累了足够多的经验之前，先找这种标注了清晰路线的地区攀登。

如何登山

只要身处山中，就是一种探险。不过，总有一天你不再会满足于此，那些高耸入云的巅峰才是你的追求。如果你现在就准备好了，身边又刚好有经验丰富的成年人，下面这些建议对你会有帮助。

经验对登山活动来说非常重要——谁将成为你理想的向导呢？

去哪里登山

对年轻的登山者来说，很多山峰都是理想的选择——但出发之前一定要做足功课。请仔细评估路线长短、地势的陡峭程度、海拔高低以及可用的装备，并照顾到团队中每一位成员，尤其是能力最弱的。

选择向导

登山探险需要一到两位有经验的成年人引导。如果你的亲友中无人可胜任，可以试试向童子军[19]这样的团体求助，它们就是为此类探险活动而建立的。

积雨云——表示暴风雨蓄势待发。一定要时刻关注云层，留意天气变化的迹象。

查看天气预报

山区的天气变化多端，突变的天气可能会造成严重后果。如果攀登过程中天气恶化，就不要继续前进了，赶紧下山！

先从攀登难度较低的山峰开始探索。这里太陡了……

这儿就不错。

当肾上腺素消退后，花点儿时间静一静。

你无法真正地"征服"高山，但它们能以一种奇妙的方式征服你。

登顶

太棒了，这是你们应得的奖励。和同伴好好庆贺一番。只要没有云雾遮盖，就多花点儿时间一览众山小吧。

留出充足的时间

这一点很重要，你需要合理规划时间。你要知道太阳何时下山，并在天黑前留出数小时完成当日的行程。务必留出返程的时间。

仔细检查装备

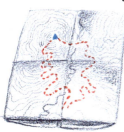

登山时带足水绝对是必要的。

规划你的路线

选择那些在地图上标有清晰行走线路的山峰。

确保登山路线适合团队中每一位成员的水平。

顶峰狂热

这是一种不惜一切代价也要登顶的危险欲望。记住，登顶只是完成了一半行程，真正的探险家知道何时该转身。

顶峰狂热的症状包括：

* 无视坏天气；
* 把同伴远远甩在身后；
* 以为有半瓶水就够了；
* 无法判断潜在的风险。

下山

当你转身下山的时候，请保持专注。大多数事故发生在下山的过程中，这时登山者往往会变得麻痹大意。

不要偏离路线。遇到岔路时，请仔细查看地图，确保你没有走错。

坐下来，仔细看，用心想。

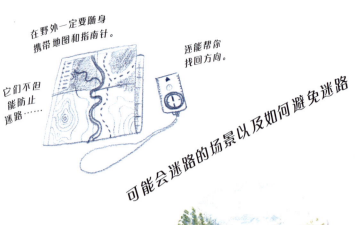

在野外一定要随身携带地图和指南针。

它们不但能防止迷路……

还能帮你找回方向。

可能会迷路的场景以及如何避免迷路

光线昏暗或者夜幕降临

能见度变差的时候，团队很容易走散。请跟紧队伍，并戴上头灯。如有必要，可以停下来扎营。

恶劣的天气

云、雨和大雾都会影响视线，很容易导致迷路或者走散。所以一定要跟紧队伍。只要不是遇上极端天气，你们还可以借助地图和指南针继续赶路。

岔路

即使拿着一张绘制精良的地图，也很容易被岔路弄糊涂。很多团队就是这么走散的。

树林和森林

这里的一切看起来都是一样的，因此很容易迷失方向。不要掉队，也不要偏离原有的路线。

每次探险之前，大家一定要商量好，万一迷路或走散了该怎么办。

迷

如果迷路了怎么办：

* 停下来，找地方坐下，做几个深呼吸，保持头脑清醒；

* 掏出零食，吃一点儿；

* 回想一下你走过的路线，和同伴（如果你不是一个人）讨论一下刚才有可能走错的地方；

* 看看周围，有没有熟悉的地标？能不能听见附近的路上传来的声响或者别人的呼喊声？如果你手上有地图，试着把它与周围的景观对应上；

* 你可以留在原地等待，也可以想办法寻找出路——这两种方案都有一些需要注意的细节，我把它们都列出来了。

1. 最好是循着刚才的足迹原路返回（如果还能找到足迹）。

2. 看看表，还有多久天黑？如果时间不够了，就在原地扎营，天亮了再走。

4. 登高望远有助于帮你找到方向。

寻找出路

如果你对找到目的地信心十足，或是大家都迷路了，那你可以考虑寻找出路。

这样不仅可以找到你走过的路，还有助于别人找到你（们）。

3. 每走出一段距离，用石头或木棍在走过的路上做标记。

竖起耳朵，仔细辨别公路上车辆的轰鸣或人的声音。

5. 小溪汇入河流。沿着河走通常可以找到"人类文明"。

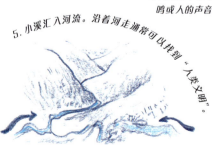

没有明显的地标

要是你周围的景色看起来都一样，就很容易迷失方向。请跟紧队伍，不要偏离原有的路线。

口哨

虽然口哨很不起眼，但它曾拯救过许多人的生命。在野外一定记得随身带一个。

如果你掉队了

要是你没有跟上队伍，有时可以换条路追上他们。如果你不知道该走哪条路，最好停下来，一边向前方呼叫，一边在原地等候。当其他人意识到你掉队了，就会回来找你的。

如果你把其他人都甩在身后

要是你一个人冲在队伍前面，后面的人到了岔路口，会不知道该走哪条路才能追上你。请在岔路口停下来，等你的同伴们赶上来再一起走。

道路消失

在枝繁叶茂的树林中，道路会变得模糊，队伍可能因此而走散。这时可以用吹哨或高声呼喊的办法来定位。如果不起作用，每个人都原路返回，这样就能聚在一起了。

路

无论发生了何种情况，最重要的是不能失去耐心和乐观的心态。要相信大家正在彼此靠近。

记得带口哨。可以每隔 30 秒吹 3 声。

这时你会发现，救生宝盒不再只是一个有趣的小玩意儿，它真的可以救命。

灯光闪烁 3 次是求救的信号。

夜间用手电筒。白天可以用镜子或铝箔反射阳光。

原地等待

只要对自己的位置有任何疑问，这就是最稳妥的选择，尤其是自己一个人迷路或掉队的时候。只要你不四处乱走，同行的其他人就能更早地找到你。

一个装备齐全的背包应该包括：

手电筒

双筒望远镜

救生宝盒

水

食物

救生毯

暖和的衣服

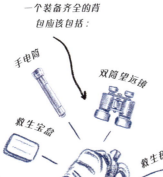

找一棵大树或大石头作为依靠。

振作起来，保持积极的心态。如果你们有好几个人，就聚在一起，相互取暖。

如果需要露营过夜，就用你学到的技能和手边的装备搭个临时庇护所，再点上一堆篝火。要相信自己，你会成功的。

坐在树下自怨自艾时，想到还有人知道你的行踪会是一种莫大的安慰。所以，出发前一定要记得把你的探险计划告诉别人。

骑车穿越非洲

我的姐姐乔十分勇敢。在她的引领下，我骑车穿越了非洲大陆。我永远都不会忘记离开家的那一刻——虽然我们还不知道当晚在哪里过夜，但前往未知世界的激动心情盖过了一切。接下来的9个月对冒险的渴望和数次险象环生的经历，这些都成为我们终生生难忘的回忆。

巍峨的乞力马扎罗火山是如此之高，眺嘣的顶峰被白雪覆盖，而山脚下的我们却要忍受高温的炙烤。

乔在和长颈鹿赛跑……可惜，她上的一个大坑让她前提前退了赛。有时候，我们一连好几天都见不到其他人。蹬自行车不会发出声响，这让我们可以听到四面八方的声音，也让我们有机会近距离接触到野生动物。

这个水壶里装着我们对付野兽的秘密武器：辣椒水。它的射程超过6米，有几次还真派上了用场。

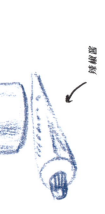

请勿饮用

辣椒器

我们的自行车——简单但坚不可摧。它们陪着我们跋涉走了一万多千米。

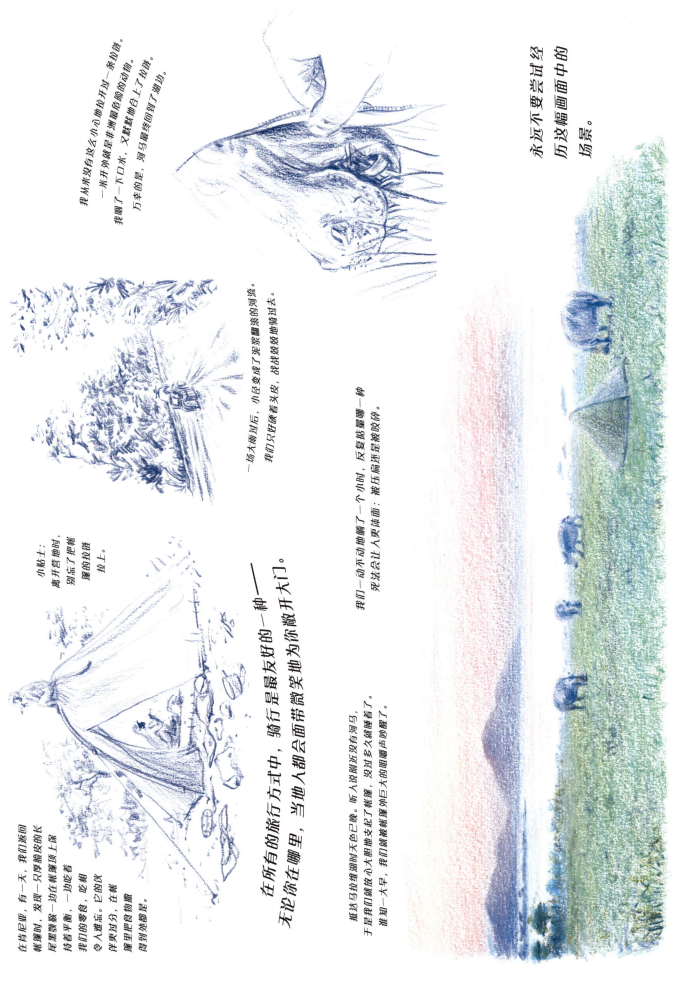

我从来没有这么小心地拉开过一条拉链。

一米开外就是非洲最危险的动物。

我啜了一下口水，又默默地合上了拉链。

万幸的是，河马最终回到了湖边。

一场大雨过后，小径变成了泥浆翻滚的河流。

我们只好硬着头皮，战战兢兢地骑过去。

我们一动不动地躺了一个小时，反复衡量哪一种死法会让人更体面：被压扁还是被咬碎。

在肯尼亚，有一天，我们返回帐篷时，发现一只厚脸皮的长尾黑鹦鹉一边在帐篷顶上保持着平衡，一边吃着我们的零食。它的伙伴更过分，在帐篷里把食物糟得到处都是。

小贴士：
离开营地时，别忘了把帐篷的拉链拉上。

在所有的旅行方式中，骑行是最友好的一种——无论你在哪里，当地人都会微笑着为你敞开大门。

抵达乃拉维湖时天色已晚。听人说附近没有河马，于是我们就放心大胆地支起了帐篷，没过多久就睡着了。谁知一大早，我们就被帐篷外巨大的咀嚼声吵醒了。

米库米

国家公园

危险

接下来的 50 千米
会有野生动物
待在车里别出来

公园入口处的标志牌提醒司机不要离开他们的驾驶室。

这是一张俯瞰图，看见那两位骑行者了吗？我们当时正在狂踩脚蹬子，摸黑穿越米库米自然保护区。大象巨大的身形在微弱的车灯灯光里若隐若现。远处时不时传来狮子的吼声，我俩只好用歌声给自己壮胆。

教训：为行程留出足够的时间，一定不要赶夜路。

准备在陌生的森林里
来一场越野速降吧。

要想逃离庸常的生活，没有比两轮的自行车更理想的工具了。

计划一场自行车骑行之旅

做好浑身是泥的心理准备。

很少有什么事情能比骑车去野外探险还棒。与步行相比，自行车能让你到达更远的地方，探索更广阔的世界。你不但能体验到速度和越野带来的紧张与刺激，还能充分享受自由自在的感觉，而你的车技也将受到考验。现在你或许只能在家门口骑车转转，但可以大胆设想，总有一天，你会骑车环游世界的。

越野骑行

有时候，最棒的探险活动始于你的家门口。你能骑到哪儿？海岸？山野？还是森林？查查地图，有困难可以去寻求帮助，然后制订个计划，让你的梦想成真。

经历过几次骑行之后，你的自行车会变成你非常亲密的伙伴——我就经常和我的这位好朋友大声交谈。

如果打算和亲朋好友骑车去看日落，你们会去哪里？

骑行第 1 天——穿越森林。

湖边的营地，
车能开进去。

围坐在营地的篝火旁，
讲述你的探险经历。

骑行第 2 天——山地环线。

周末去野外骑行

带上你的自行车和露营装备，去野外过周末吧。很多地方都有露营地和自行车道。要是你觉得那些地方都不过瘾，就去开辟你自己的专属车道吧。不过，你得先找人把你送到目的地，还需要一两位有经验的大人陪同。

轻装上路：一只小背包足够装下你所需的一切。

先找不同的路况测试一下你的越野技能。

骑行清单：

* 带上当地的详细地图；
* 根据骑行队伍的过往经验选择一条合适的线路，必要时避开公路；
* 带上急救箱、充足的水和食物，补胎工具和头盔也不能忘；
* 可以将较重的装备给成年人驮着；
* 出发之前，检查你列出的清单，确保你已经做好了充分准备。

在我看来，只要你有过骑行探险的经历，就一定品尝过无拘无束的滋味。

骑车去海边。我们在海边的沙丘上扎营。自行车翻过来就是支架，刚好能撑起防水布。我把定位绳绑在漂流木上，埋进了沙子里。

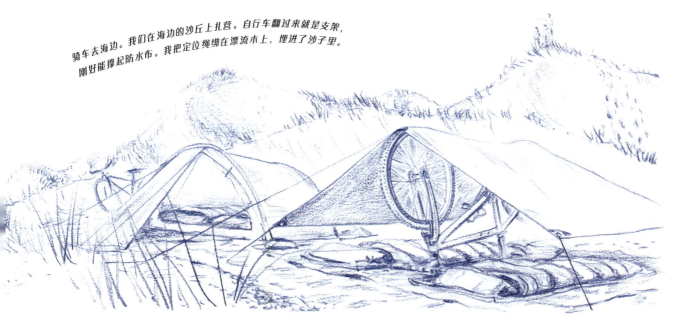

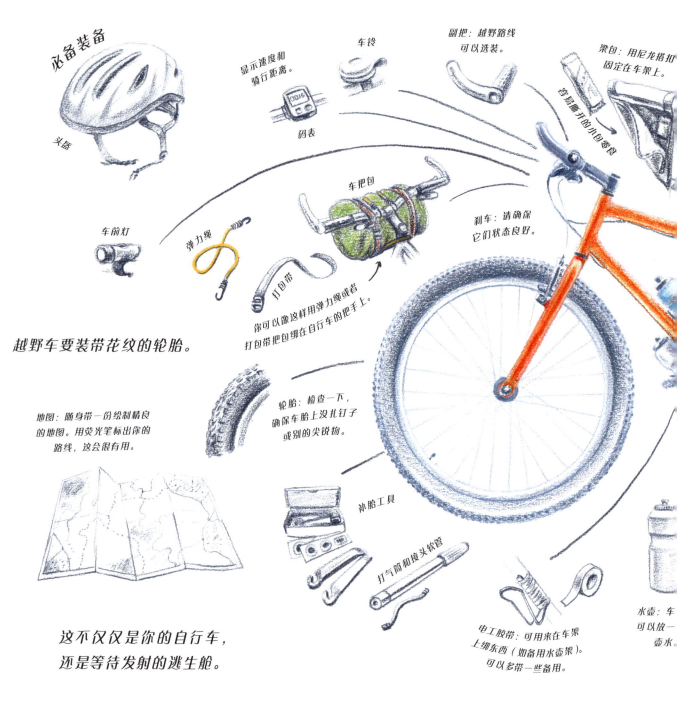

必备装备

头盔

车前灯

显示速度和
骑行距离。

码表

车铃

副把：越野路线
可以选装。

梁包：用尼龙搭扣
固定在车架上。

容易撕开的小包零食

刹车：请确保
它们状态良好。

车把包

弹力绳

打包带

你可以像这样用弹力绳或者
打包带把包绑在自行车的把手上。

越野车要装带花纹的轮胎。

地图：随身带一份绘制精良
的地图。用荧光笔标出你的
路线，这会很有用。

轮胎：检查一下，
确保车胎上没扎钉子
或别的尖锐物。

补胎工具

打气筒和接头软管

电工胶带：可用来在车架
上绑东西（如备用水壶架）。
可以多带一些备用。

水壶：车
可以放一
壶水

这不仅仅是你的自行车，
还是等待发射的逃生舱。

山地车：适合越野的
全能型自行车。

通勤自行车：更适合平坦的路面，
但其实大部分地方都能去。

为骑行做
好准备

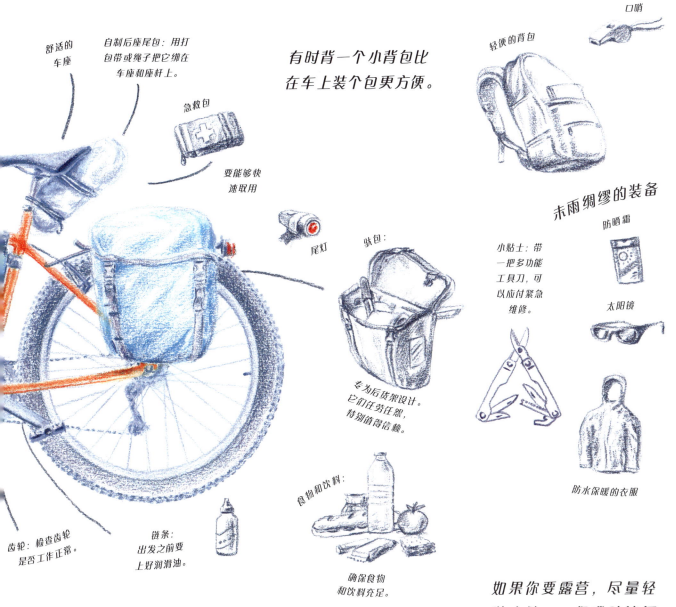

舒适的车座

自制后座尾包：用打包带或绳子把它绑在车座和座杆上。

急救包

要能够快速取用

有时背一个小背包比在车上装个包更方便。

口哨

轻便的背包

未雨绸缪的装备

防晒霜

小贴士：带一把多功能工具刀，可以应付紧急维修。

太阳镜

尾灯

驮包：

专为后货架设计。它们任劳任怨，特别值得信赖。

防水保暖的衣服

齿轮：检查齿轮是否工作正常。

链条：出发之前要上好润滑油。

食物和饮料：

确保食物和饮料充足。

如果你要露营，尽量轻装上阵……但我建议还是要让成年人陪同，别把同行的成年人也省了。

骑行对自行车的要求不高……只要有两个轮子，链条也没问题，就可以出发了。

除了一些必备品和良好的车况，你不需要更多的准备。这里有一些实用的建议，你可以根据自己的骑行需要做出取舍。

公路车：适合平坦的道路。

小轮车：骑长途时可以把车座升高。

我在穿越纳米布沙漠时发现了这些宝贝。它们就在阳光下闪闪发光，几千年来都无人触碰。现在有不少还在那儿躺着呢。

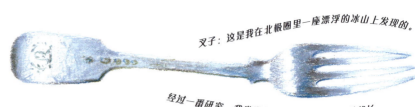

叉子：这是我在北极圈里一座漂浮的冰山上发现的。

经过一番研究，我发现它属于失踪的富兰克林船长。150 多年前，他和他的船消失在这片冰洋中。

未经打磨的钻石原石

玉制骷髅头

这是我在燕山寻找化石的时候，从一个小裂缝里发现的古代工艺品，距今已有 8000 年历史。现在它被安全地存放在中国的一座博物馆里。

滑膛枪铅弹

它们嵌在亚马孙热带雨林的一只独木舟里，距今有 300 多年的历史。

实际大小

有 2500 年历史的箭头

它是被爱琴海的海浪卷上岸的，可能是斯巴达战士的武器。

去探索就

探险家们都知道，最伟大的发现并不是你能拿得住的实在的东西，而是你感受到的……当然，攥在手指间的大颗金块也会让你感觉无比美妙。

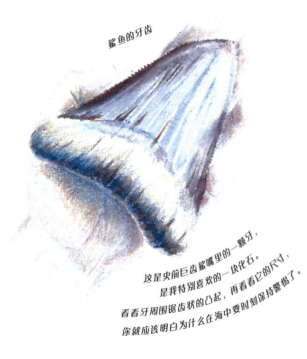

鲨鱼的牙齿

这是史前巨齿鲨嘴里的一颗牙，是我特别喜欢的一块化石。看看牙周围锯齿状的凸起，再看看它的尺寸，你就应该明白为什么在海中要时刻保持警惕了。

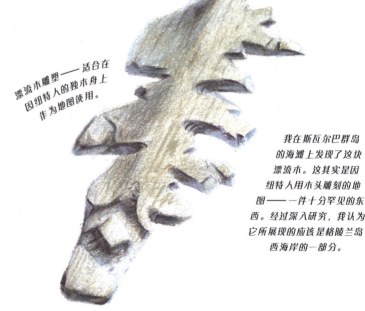

漂流木雕塑——适合在因纽特人的独木舟上作为地图使用。

我在斯瓦尔巴群岛的海滩上发现了这块漂流木。这其实是因纽特人用木头雕刻的地图——一件十分罕见的东西。经过深入研究，我认为它所展现的应该是格陵兰岛西海岸的一部分。

吹管飞镖：飞镖头上涂抹过箭毒蛙背上的毒液。它的特别之处在于，它本来是用来攻击我的……

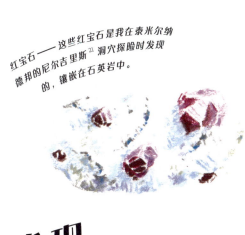

红宝石——这些红宝石是我在泰米尔纳德邦的尼尔吉里斯[21]洞穴探险时发现的，镶嵌在石英岩中。

这只小家伙跳到了我的腿上，我相信它会是科学上的新发现。我所能做的就是把它画下来，因为我当时没法把它带走，也不想杀死它。也许有一天它会再次被人发现。

我的手指

小箭毒蛙

会有发现

你总能在探险过程中发现一些连做梦都想象不到的东西。有些闪闪发亮，价值连城；有些能讲述几千年前的人类故事；而有些史前的发现甚至可以往回追溯数百万年。它们都很稀有，请好好珍惜。这些是我在历次探险中发现的一些宝贝。

东北虎的指甲

这是我在黑龙江江畔的森林中发现的，它当时就像这样卡在露天厕所的门板上。毫无疑问，这只老虎正在用爪子写下数字"II"的第二笔。我被它深深迷住了，把它连同部分门板一起带回家了。

20 厘米长

陨石残骸

我经常一边看着它，一边想象它在太空中经历的磨难：那天晚上，这团火球是如何穿过我们的大气层，降落在营地附近的沙漠里的？这个红彤彤的家伙过了好一会儿才冷却下来。

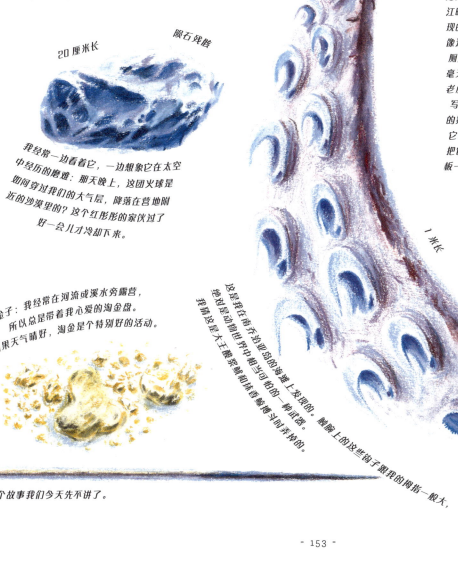

1 米长

大王酸浆鱿的触手

这是我在南乔治亚岛的海滩上发现的。绝对是动物世界中相当可怕的一种武器。触腕上的这些钩子跟我的拇指一般大，我猜这是大王酸浆鱿和抹香鲸博斗时弄坏的。

金子：我经常在河流或溪水旁露营，所以总是带着我心爱的淘金盘。如果天气晴好，淘金是个特别好的活动。

这个故事我们今天先不讲了。

金沙通常在浅（浅水流经岩的地方）聚

这块大花岗岩背后是淘金的绝佳地点。

这是我的淘金盘，用起来非常顺手。它里面装着我从澳大利亚一条偏僻的小溪中淘到的金沙。

淘金
去哪儿淘以及如何淘

你淘到第一粒金的那一刻会让你永生难忘。我在世界各地的溪流中都找到过它们，是时候把我的秘密分享给大家了。

淘金是份辛苦活儿，用到的装备不多，但需要足够的耐心。只要开了头，你就不想停下来。

你正在看一份讲授如何找到真金的秘密教程。

有时候幸运女神垂青，你忙活一整天就能从上面的小溪里找到这么多金子。

随身带一只小罐子或小瓶子装黄金。

不可思议的是，地球上所有的黄金都是在数十亿年前超新星爆炸中形成的。

哪些河里能找到黄金？

事实上，几乎在所有河流中都能找到黄金，但有些地方量太少，不值得你去费力气。你可以试试其他人之前发现过黄金的河流，或者干脆随处碰碰运气。最好的办法当然是提前做些研究，有的放矢把握更大。

小贴士：研究一下曾经发现过黄金的地方。想办法弄到一张地质图，并打听清楚那些地方是否允许淘金。

这是流淌在花岗岩山丘之间一条"含金量"不错的小溪，在这里能找到很多岩石、河湾、浅滩、水坑和小瀑布。

何处寻金

黄金在河道中总是沿着相同的轨迹顺流而下，并被困在某些特定的地方。这里有一些简单的建议能帮你找到它们。

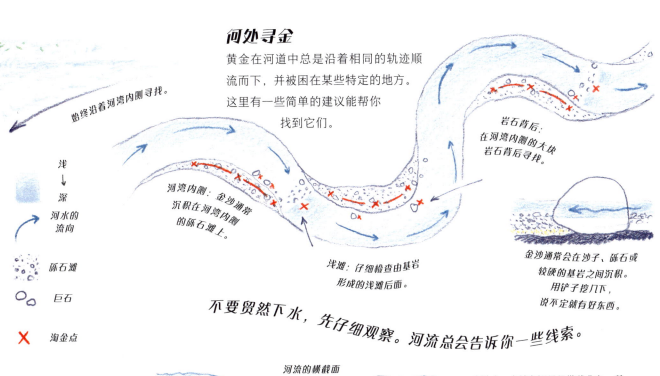

始终沿着河湾内侧寻找。

浅
↓
深

河水的流向

砾石滩

巨石

X 淘金点

河湾内侧：金沙通常沉积在河湾内侧的砾石滩上。

浅滩：仔细检查由基岩形成的浅滩后面。

岩石背后：在河湾内侧的大块岩石背后寻找。

金沙通常会在沙子、砾石或较硬的基岩之间沉积。用铲子挖几下，说不定就有好东西。

不要贸然下水，先仔细观察。河流总会告诉你一些线索。

河流的横截面

浅滩和小型瀑布：金沙很重，越过浅滩的边沿后会沉底。

通常可以在河床黏土层或基岩的裂缝和孔洞中找到黄金。

小贴士：金沙在河里呈带状分布。所以，如果你发现了金沙，不要到对岸找，而应该去上下游寻觅。

必备工具：

* 淘金盘；
* 泥铲或小铁锹；
* 镊子；
* 放大镜；
* 小瓶子或其他小容器。

淘金的技巧

1. 在淘金盘中装半盘沙砾，用手挑出较大块的石头。

最终现身：金沙可能一直隐藏到最后一刻，它们总和黑色的细沙混在一起。

2. 把淘金盘浸在水里并摇晃，重量轻的东西会漂走，而比较沉的金沙会落到盘底。

3. 把淘金盘从水里拿出来，像这样旋转，让较轻的沙子和石头随水流走。

4. 把淘金盘浸到水里，再添点儿水。摇晃几下让金子沉入盘底。然后开始轻柔地晃动，把水泼出去，并带走较轻的沉积物。

注意淘金盘的角度。

较轻的杂质被水轻轻冲走。

金沙沉到盘底。

有些淘金盘内壁的波纹设计可以截住金沙碎片。

重复步骤 3 和 4，直到盘里只剩下细碎的金沙。

耐心是关键

在最后一个阶段，动作一定要轻。死死盯住盘底，直到金色的亮光出现。

淘金的正确姿势：在水边找个舒服的地方坐下。请远离深水区和湍流。

雅里河上的探险

地球上仍有一些偏远、荒凉、极难到达的地方，至今还没有出现人类活动的踪迹。当一个朋友告诉我，他在亚马孙丛林深处发现了一条无人涉足的河流时，我深吸了一口气，然后问他："去那里最糟糕的结果会是什么？"在接下来的 6 个月时间里，我们向着未知世界越走越深，永远不知道我们会发现什么，甚至不知道我们还能不能回来。

并不孤单

我在河岸上发现了一个人类的脚印。可是……离这里最近的村落在 400 千米以外。难道我们发现了亚马孙河流域一个消失的部落？这是个令人敬畏的时刻。从那以后，我经常在夜里听到丛林里有人说话——是我幻听了，还是真的有人？

河流上游的旅程令人兴奋。密林从四面八方聚拢过来。常有倒下的树木挡住去路，我们不得不一边划船，一边砍出一条通道。

一只正在喝水的美洲豹抬头望向我们——这可能是它见到的第一批人类。

当我们划着船穿过薄雾，丛林中各种声响交织在一起，汇聚成最美妙的音乐。

当你准备晚餐的时候，
永远都不知道会从水里捞上来什么，
它们牙尖齿利的模样还挺吓人的。

似鳉水狼脂鲤[22]，也被称为吸血鱼，
原因显而易见。

游野泳

静静地漂浮在丛林露天剧场……这是一种
纯粹的幸福。每天早上我都会去游野泳。
我发现食人鱼一大早会特别活跃。

急流水域

当我们遇到湍急的水流时，会扛着独木舟
从岸上走。不过也有误判的时候，比如
这一回。我们失去了一些装备，所幸命还
在。所以一定要对前方水域的状况保持警
觉，避开你应付不了的急流。

我们冒昧地打扰了一条正
在消化食物的大蟒蛇。它从
我们面前游过，五米长的独
木舟竟显得十分渺小。它吞
进肚子里的是什么？一条凯门
鳄？还是一只猴？我们中任何一
个对它来说只是小菜一碟。

独木舟——低调的女英雄。如果你的
胆子足够大，"她"也会带着你将最疯
狂的冒险进行到底。

我们在未知的世界中越走越远。经过数月的磨合，我俩培养出高度的默契，划桨动作整齐划一，甚至都不用刻意调整。丛林中蜿蜒的树枝伸向对岸，有时甚至会搭出隧道，我们只好一边披荆斩棘，一边艰难地通过。树上的鸟和猴子都安静下来，估计是在疑惑这两个和它们擦肩而过的怪物是什么来头。很难相信我们是第一批将目光投向这片鸟兽乐园的人类。我们完全沉浸在当下，什么都说不出来。

在尝试更猛的急流之前，先去体验几次小急流的刺激。

注意——一旦你划过独木舟，可能一辈子都会对它欲罢不能。

一只亚马孙绿鱼狗[23]和它的早餐。

请留意周边的野生动物。你可以充分利用独木舟的隐蔽性来观察它们。

在独木舟上钓鱼真是棒极了。但千万不要碰上帕库食人鱼[24]，我们被这只巨大的怪物在河里拖了一千米。

计划你的独木舟探险

你准备好划独木舟上路了吗？也许你觉得这听起来有点儿难以实现。

幸运的是，你可以在很多地方租到独木舟和装备。我整理了一些能帮助你梦想成真的建议。现在，你只需要说服成年人加入进来。

如果你在河上租船，租赁公司通常会把你和独木舟直接送到出发地。

独木舟和装备

如果你有装备，那可以说走就走了。如果没有，可以问问出租独木舟的地方，他们几乎可以提供你需要的所有装备。

选择河流或湖泊

该在哪里租独木舟呢？这通常取决于你要去哪一片水域（河流或湖泊）。通常来说，这些水域大多数有经验的玩家都可以驾驭，但无论如何先问清楚。记得要从容易应付的水域开始，你得练习好几年才能应付凶猛的急流。如果你有独木舟，就去找一条适合自己水平的河练一练。

亚马孙河里的粉色河豚也加入了。它们追着我们玩捉迷藏的游戏，好几个小时之后才离开。真是一群令人愉快的同伴。

急流和水坝十分有趣，但也非常危险，因为会有暗流。所以在你的经验足够丰富之前，还是先不要挑战为妙。

奋力挥桨一整天后，没有什么比在水边搭起帐篷更舒服的事了。

如果父母对这项活动感到恐惧，
你可以问问独木舟俱乐部或者其他亲朋好友，
看有没有成年人愿意和你同去。

划独木舟露营

如果你打算多玩几天，查一查你规划的路线上哪里适合露营，现成的露营地和野味更浓的地方都行。

组队

如果你们的水平有限，那每艘独木舟可能都需要一位成年人。邀请你的亲友租几艘独木舟组个队，共同完成一次伟大的探险。

时间规划

第一次独木舟探险，可以从一日游或者周末短途游开始。即使只是一两个小时的简单尝试也不错，你会瞬间爱上它的，可别小看这点儿时间，你可以划很长的一段距离呢。

我们和独木舟在猴子眼中应该是这样。

想象一下，你很快就可以在激流中开始冒险之旅了。

独木舟小常识

探险独木舟有很多种。这是一种经典的开放式设计，源于瓦巴纳基人[25]发明的桦树皮独木舟。

船桨

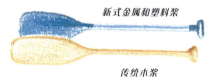

新式金属和塑料桨

传统木桨

独木舟分解图

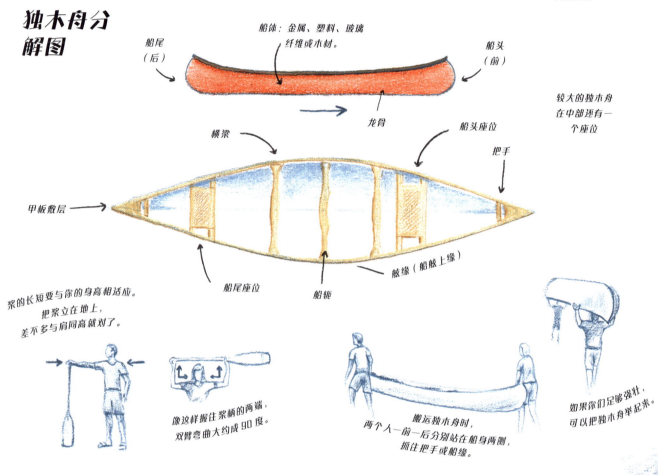

船体：金属、塑料、玻璃纤维或木材。

船尾（后）

船头（前）

龙骨

较大的独木舟在中部还有一个座位

横梁

船头座位

把手

甲板敷层

船尾座位

船杠

舷缘（船舷上缘）

桨的长短要与你的身高相适应。把桨立在地上，差不多与肩同高就对了。

像这样握住桨柄的两端，双臂弯曲大约成90度。

搬运独木舟时，两个人一前一后分别站在船身两侧，抓住把手或船缘。

如果你们足够强壮，可以把独木舟举起来。

独木舟大小

独木舟有各种形状和尺寸。请根据你的团队规模来选择。

我通常会选择双座独木舟。

有些独木舟能够坐下一家人。

对于人数更多的团队，大家会被分到不同的独木舟上。请确保每条船上都有一位划船经验丰富的老手。

地图及防水套

装备和物品

和其他探险活动一样，你需要带一些必备品。如果你的独木舟是租的，通常还会得到一些装备。有什么拿不准的，都可以咨询租赁公司。

防水存储用具：密封塑料容器或防水袋是最好的选择。

水舀子

救生衣或救生背心必不可少。

独木舟和浆

如果独木舟进水了，可以用它把水舀出去。图中这个是用拦腰切开的牛奶桶做成的。你可以把它绑在独木舟上备用。

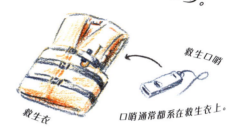
救生衣

救生口哨

口哨通常都系在救生衣上。

一定要把你的装备装进密封罐或防水袋里——船翻了也不怕，它们都能漂起来。

如果天气炎热，防晒很重要。潮湿多雨的环境中，运动凉鞋是理想的选择。

打包清单：

* 上面提到的必备品；
* 适应天气的衣物；
* 外套或防水夹克；
* 毛巾；
* 充足的食物和饮用水；
* 美味的小零食；
* 不怕踩水的鞋子；

* 防晒装备——凉帽、太阳镜、防晒霜；
* 杀虫剂；
* 相机；
* 双筒望远镜；
* 露营装备（如有需要）；
* 渔具。

手钓鱼线

钓竿和鱼线卷轴：使用小钓竿或伸缩钓竿。

平衡装船法

 较轻的物品

不太沉的物品

重物

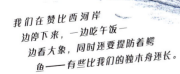
我们在赞比西河岸边停下来，一边吃午饭一边看大象，同时还要提防着鳄鱼——有些比我们的独木舟还长。

注意装备是如何被安置在独木舟中央的。停靠时一定要把独木舟牢牢拴在岸边，或者直接拖上岸。

水上技巧

随着知识的积累和技巧的熟练掌握，你的胆量和探索大自然的深度都会增加。这里有一些能帮你熟悉水性、掌握独木舟行船技巧的提示和建议。最好的办法当然是直接下水，向经验丰富的老手学习。

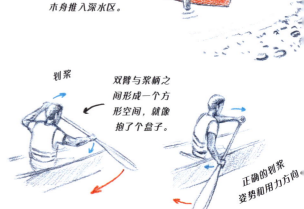

1. 第一个人先坐进独木舟的船头。

上船

3. 双手握住独木舟两侧的船舷以保持平衡。

2. 第二个人一边坐进船尾，一边将独木舟推入深水区。

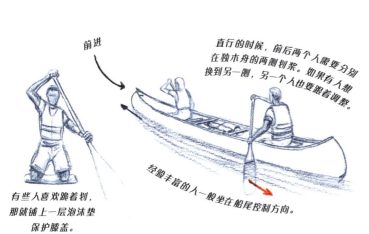

前进

有些人喜欢跪着划，那就铺上一层泡沫垫保护膝盖。

直行的时候，前后两个人需要分别在独木舟的两侧划桨。如果有人想换到另一侧，另一个人也要跟着调整。

经验丰富的人一般坐在船尾控制方向。

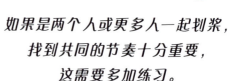

划桨

双臂与桨柄之间形成一个方形空间，就像抱了个盒子。

正确的划桨姿势和用力方向。

如果是两个人或更多人一起划桨，找到共同的节奏十分重要，这需要多加练习。

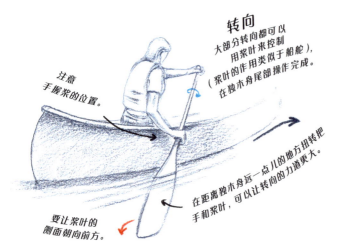

转向

大部分转向都可以用桨叶来控制（桨叶的作用类似于船舵），在独木舟尾部操作完成。

注意手握桨的位置。

要让桨叶的侧面朝向前方。

在距离独木舟远一点儿的地方扭转把手和桨叶，可以让转向的力道更大。

想向哪个方向转，（船尾的人）就可以把桨放在那一侧。

保持平衡
让身体重心保持在独木舟中央可以避免翻船。

千万不要在船上站起来。

通过练习，你可以更熟练地驾驭独木舟，划桨的同时就能完成转向。

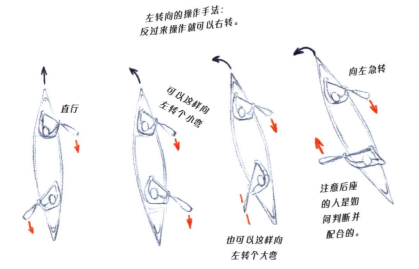

左转向的操作手法：反过来操作就可以右转。

直行

可以这样向左转个小弯

也可以这样向左转个大弯

向左急转

注意后座的人是如何判断并配合的。

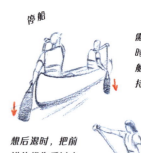

停船

需要停船或者减速时，前后两个人把船桨插入水中，保持桨面与水流方向垂直即可。

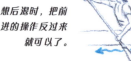

想后退时，把前进的操作反过来就可以了。

在河里航行

当你划着独木舟在野外探险，能读懂河流与看懂地图一样，都是很重要的能力。启程之前，务必先查查地图，把路上可能会遇到的障碍了解清楚，最好能找一位已经走过这条水路的人问一问情况。

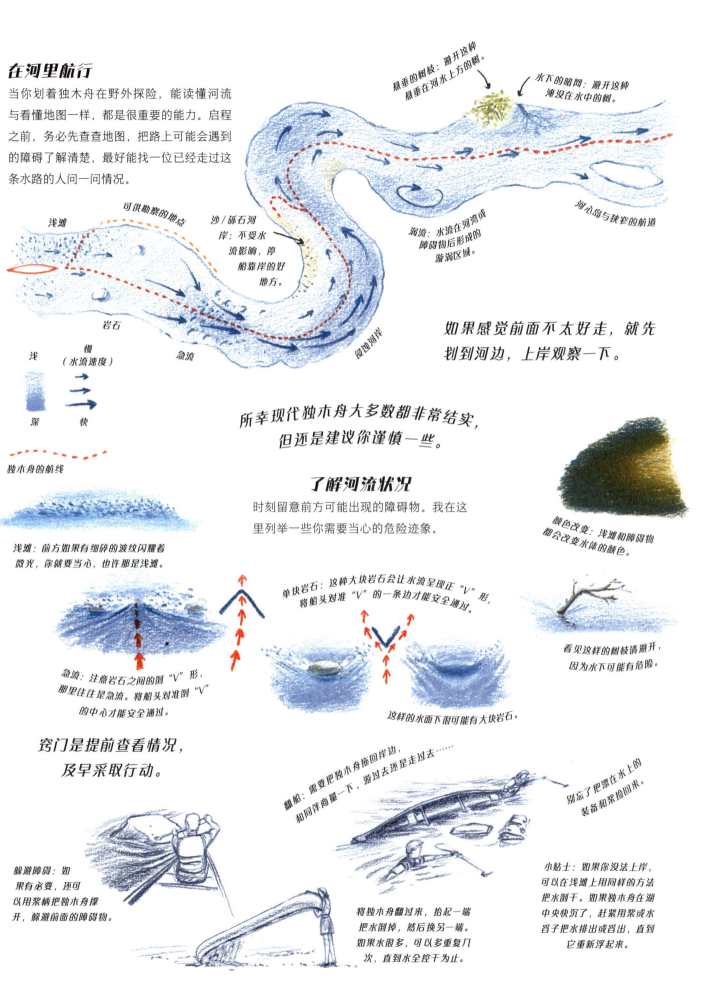

悬垂的树枝：避开这种悬垂在河水上方的树。

水下的暗阱：避开这种淹没在水中的树。

涡流：水流在河湾或障碍物后形成的漩涡区域。

河心岛与狭窄的航道

可供勘察的地点

浅滩

沙／砾石河岸：不受水流影响，停船靠岸的好地方。

岩石

浅
慢
（水流速度）
深
快

独木舟的航线

急流

侵蚀河岸

如果感觉前面不太好走，就先划到河边，上岸观察一下。

所幸现代独木舟大多数都非常结实，但还是建议你谨慎一些。

了解河流状况

时刻留意前方可能出现的障碍物。我在这里列举一些你需要当心的危险迹象。

颜色改变：浅滩和障碍物都会改变水体的颜色。

浅滩：前方如果有细碎的波纹闪耀着微光，你就要当心，也许那是浅滩。

单块岩石：这种大块岩石会让水流呈现正"V"形，将船头对准"V"的一条边才能安全通过。

急流：注意岩石之间的倒"V"形，那里往往是急流。将船头对准倒"V"的中心才能安全通过。

这样的水面下很可能有大块岩石。

看见这样的树枝请避开，因为水下可能有危险。

窍门是提前查看情况，及早采取行动。

躲避障碍：如果有必要，还可以用桨柄把独木舟撑开，躲避前面的障碍物。

翻船：需要把独木舟拖回岸边，游过去还是走过去……和同伴商量一下。

别忘了把漂在水上的装备和桨捡回来。

将独木舟翻过来，抬起一端把水倒掉，然后换另一端。如果水很多，可以多重复几次，直到水全控干为止。

小贴士：如果你没法上岸，可以在浅滩上用同样的方法把水倒干。如果独木舟在湖中央快沉了，赶紧用桨或水舀子把水排出或舀出，直到它重新浮起来。

捕鱼之前一定要了解并遵守
当地钓鱼的规章制度。

有可能的话，向经验丰富的渔夫请教，
他会教你一些捕鱼的技巧，以及去哪儿找鱼。

如何捕鱼

缠在小棍上的鱼线——
很简陋但非常好用。

钓鱼不仅是在野外获取食材的便捷方式，而且过程非常令人兴奋。

捕鱼的方法很多，但对我来说，手钓（无竿垂钓）是最好的方法之一。手钓操作简单，不需要很大的空间。只要掌握诀窍，成功率奇高。而且就算从零开始，几分钟也能把工具备齐。

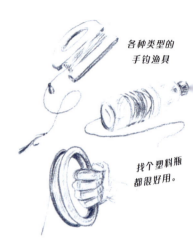

各种类型的
手钓渔具

找个塑料瓶
都很好用。

技巧

拖钓：划船的时候，可以在独木舟后面拖一根长长的鱼线和拟饵。

把缠绕鱼线的小棍牢牢固定在船尾，否则很容易丢。

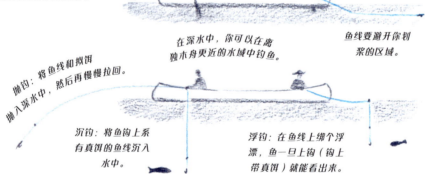

在深水中，你可以在离独木舟更近的水域中钓鱼。

鱼要避开你划桨的区域。

抛钓：将鱼线和拟饵抛入深水中，然后再慢慢拉回。

沉钓：将鱼钩上系有真饵的鱼线沉入水中。

浮钓：在鱼线上绑个浮漂，鱼一旦上钩（钩上带真饵）就能看出来。

适合：

* 深水；

* 边划船边钓鱼；

* 使用拟饵而不是真饵；

* 较长的鱼线，10 米及以上。

适合：

* 专注地钓鱼（不划桨）；

* 深水或半深水；

* 在独木舟上或在岸边均可

* 浅滩也可。

动手做一套手钓渔具

你将用到：

一根结实的小棍
长 15~20 厘米
直径 4~5 厘米

一把小折刀

一只普通鱼钩

或一只带拟饵的鱼钩

鱼线线轴

承重 10~15 磅
（约 4.5~6.8 千克）的鱼线

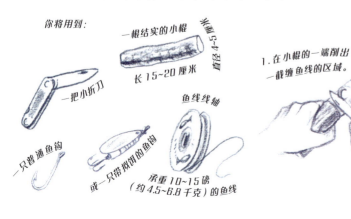

1. 在小棍的一端削出一截缠鱼线的区域。

2. 把鱼线在棍子上绑牢，打个结实的结。

3. 在棍子上缠至少 10 米长的鱼线。缠 10 圈就差不多是 1 到 1.5 米的长度。

4. 剪断鱼线，系上你喜欢的鱼钩。

当你第一次感到有鱼吞饵上钩，心跳会开始加速，
手也会兴奋地颤抖——你已经学会钓鱼了。

要想了解如何打一个
简单而结实的渔人结
可以参见实用技能
汇编的绳结部分。

钓鱼准备

鱼漂

在鱼钩上方 0.5~1 米
（依据水深而定）的地方绑
一根小木棍或软木塞。

真饵

蠕虫（在鱼钩上
穿两下）

小贴士：如果
一种真饵不管
用，就试试其
他的。

面包　　甜玉米　　培根/肉　　蛆虫

铅坠

在水深的地方，或者为
了便于甩线，可以在鱼
钩之上约 50 厘米处系
一个小铅坠。

不同的铅坠

金属垫圈或
螺母都很好用。

等待鱼儿上钩的旋转式
金属鱼饵——不需要铅
坠。别让它在河底或湖
底挂住。

这种拟饵
通常有三个钩。

旋转式鱼饵和拟饵

这种橡胶拟饵尾巴可以摇摆。

带羽毛的拟饵，
重量很轻。

这些"小鱼"在水里可以乱真——
非常适合拖在独木舟后面使用。

如何使用手钓鱼线

1.甩线

把线轴（亦棍）对准
你想好的方向。

用一只手
着线轴。

留有一些线松松地
垂在两只手之间。

另一只手提起鱼钩，
握住鱼钩之上
30~50 厘米的位置。

捻起鱼钩，在空中
甩几圈，然后抛出去。

当你感觉有鱼咬钩时，
要猛拽鱼线。

如果鱼被钩住了，
要一直让鱼线绷紧。

2.上钩

像这样用不拿线轴的手握
住鱼线，慢慢地把线收回。
戴上手套可以防止大鱼力
气大，伤到手。

如果鱼拉扯得太猛，
可以适当松一松鱼线。

3.收线

用手劲更大的那只手
握住线轴，
手腕发力不停地旋转。

像图上画的那样，
用不拿线轴的手一
边收线，一边把线
缠在线轴上。

4.拉上岸

如果鱼线足够粗，
需要渔网就可以
它拽上岸。

把鱼紧紧握住，
用另一只手小心地
把鱼钩取下来。

小贴士：先在河
边或花园里练一
练甩线的动作。

如果晚餐没打算吃鱼，就把它放回水中吧。

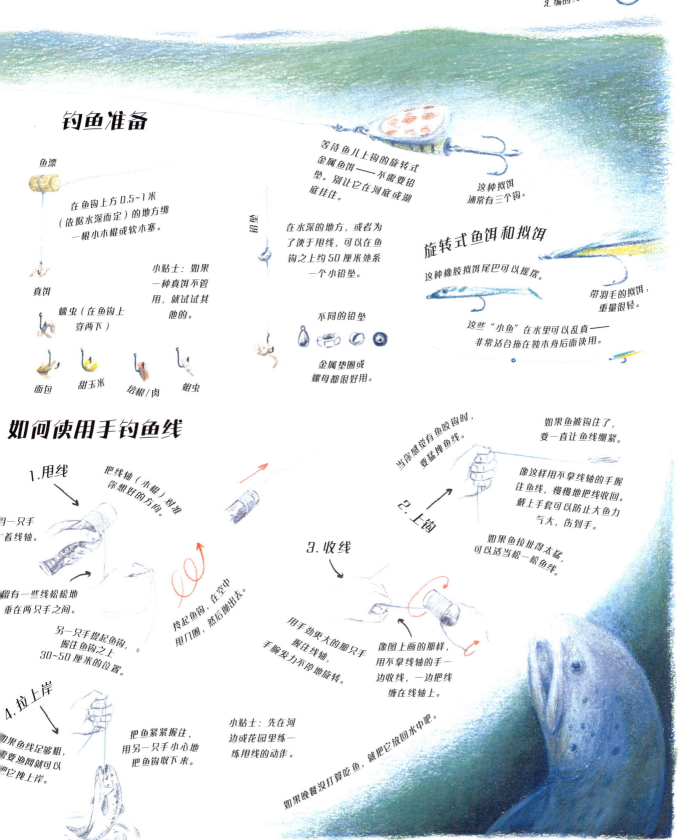

以牙还牙——
手指换鱼的故事

野生动物有个习惯，会给那些自认为可以搞定一切的人上一课。今天，轮到我了。

本来一切都很顺利，直到快吃晚饭的时候。我自己把独木舟划到河上 —— 这是已经做过千百次的事情了。抛了几回线，我终于感觉到鱼钩一沉，鱼竿也突然弯了下来。我想知道上钩的是什么。据说这片水域里有一些危险的家伙，有牙尖齿利的，有带电的，还有长毒刺的……不管是哪一种，这个时候把注意力从河上移开都是很糟糕的，但是我身后传来了急流特有的声音。我开始以最快的速度收线，觉得自己肯定可以在被卷入急流之前把它钓上来。不过，当看见它在水面上激烈扭动时，我傻了眼 —— 没想到钓上来的是一条约有5 磅（约 2.3 千克）重的，可怕的黑色食人鱼[26]。

我抓着它的身子，想把它拎进独木舟。不料，鱼线被什么东西卡住了，鱼从我的手里滑了出去。我赶紧俯下身去，想把它从我的脚趾上挪开。但它红色的大眼睛盯上了我的手。嘎吱一声，它的嘴合上了。我低头一看，发现我的小指已经断了，有一截手指被整整齐齐地咬掉了。与此同时，我感到独木舟在身后的急流中开始倾斜。绝不能让船翻了。我赶紧抓起船桨，一边疯狂地划，一边努力不让自己的脚趾也被它咬掉。

独木舟终于回到了平静的水域，我小心翼翼地处理掉那条鱼，断掉的那截手指就躺在船底。当我拿起它的时候，居然产生了一个奇怪的想法 —— 可以用这截断指当鱼饵吗？不能白白浪费啊。

幸运的是，常识占了上风，我小心翼翼地划着独木舟，回到了营地。

痛失一节手指——
就像和一位好朋友告别。

那条死掉的黑色食人鱼躺在船底，下巴还在机械性地张张合合。很明显，它还在嘲笑我。

实用技能汇编

如何制作……

探险过程中所需的一些实用装备，可以按照这些简单的说明制作出来。

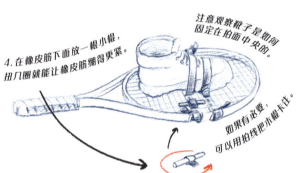

小贴士：将橡胶内胎剪成细长的橡皮筋。

1.把橡皮筋从拍线之间穿过，然后把末端绑在球拍的边框上。

注意观察靠近球拍顶部的这根橡皮筋的双层穿法。

用平结把橡皮筋的末端系紧。

4.在橡皮筋下面放一根小棍，扭几圈就能让橡皮筋绷得更紧。

注意观察靴子是如何固定在拍面中央的。

如果有必要，可以用拍线把木棍卡住。

用网球拍自制雪地鞋

你需要

* 两支旧网球拍；
* 几根用橡胶内胎剪成的皮筋；
* 剪刀或小折刀。

小贴士：用布基胶带或绳子也可以，但不如橡皮筋好用。

2.将靠近拍顶的双层橡皮筋拧几圈，好让它能箍紧鞋尖。

3.接下来，把双层皮筋分开，把靴子放进去。橡皮筋要保持紧绷状态。

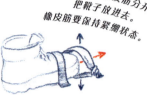

走在雪地上，只需要把脚后跟抬起来。

要是感觉太松了，就把橡皮筋拉紧后，再重绑一遍。

在鞋跟上再绑一根皮筋，可以让你的雪地鞋穿起来更合脚。

用裤子改成的背包

你需要：

* 一条裤子；
* 至少1米长的细绳。

在求生状况下，你应该不会介意在野外露出内裤吧？

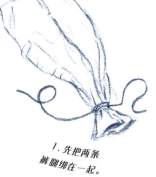

1.先把两条裤腿绑在一起。

2.然后将裤腰对折，把绳子穿过腰带环。

3.把生存必需品塞进"包"里，用系鞋带的方式把"背包"系紧。

蜡笔还是蜡烛？

蜡笔点燃了就是蜡烛——外面的这一层包装纸被引燃后，可以像烛芯一样起到维持火焰的作用。

先将底部熔化，按出一个基

独木舟庇护所

你需要:

* 一只独木舟;
* 带分杈的树枝;
* 船桨;
* 防水布
（带金属孔眼）;
* 绳索。

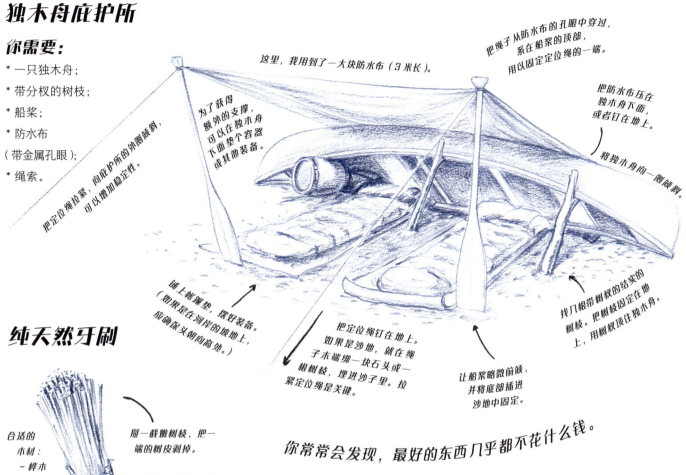

这里,我用到了一大块防水布（3米长）。

为了获得额外的支撑,可以在独木舟下面垫个容器或其他装备。

把定位绳拉紧,向庇护所的外侧倾斜,可以增加稳定性。

把绳子从防水布的孔眼中穿过,系在船桨的顶部,用以固定定位绳的一端。

把防水布压在独木舟下面,或者钉在地上。

将独木舟向一侧倾斜。

铺上帐篷垫,摆好装备。（如果是在河岸的坡地上,应确保头朝向高处。）

把定位绳钉在地上。如果是沙地,就在绳子末端绑一块石头或一根树枝,埋进沙子里。拉紧定位绳是关键。

让船桨略微前倾,并将底部插进沙地中固定。

找几根带树杈的结实的树枝。把树枝固定在地上,用树杈顶住独木舟。

纯天然牙刷

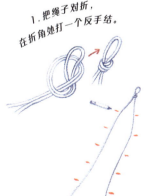

合适的木材:
－桦木
－枫木
－柳木
－榛木
－松木
（别错找成红豆杉）

掰一截嫩树枝,把一端的树皮剥掉。

如果木材较硬,可以用石块碾压,或者放进嘴里咀嚼,让一端变成纤维状。

刷毛和普通牙刷类似。牙膏并不是必需的。

你常常会发现,最好的东西几乎都不花什么钱。

绳梯

你需要:

* 长度合适的绳索（建议使用直径8~12毫米的天然纤维绳索）;
* 几根结实的树枝（用于制作绳梯的横档）;
* 手锯。

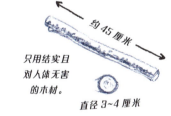

约45厘米

只用结实且对人体无害的木材。

直径3~4厘米

1. 把绳子对折,在折角处打一个反手结。

2. 用笔在绳子上需要安装横档的位置标出记号（确保两边对应的记号位置相同）。为固定横档的每一个结预留15~20厘米的额外长度。

3. 现在打一个杠杆结,并插入横木:

a.
b.
c.
d. 拉紧。
e. 把横档的另一端也用杠杆结固定。调整绳结直到横档水平。

小贴士:潮湿的天然纤维绳索可以将横档抓得更紧。

4. 横档应该都是水平的。为了安全考虑,横档上的每个绳结与最近那端都要留出约8厘米长的距离。

5. 把绳梯搭在树枝上,按图中所示的方法,将最顶端的那根横档绕过树枝,从位于另一侧的横档上方的绳子间穿出来,绳梯就能固定住了。

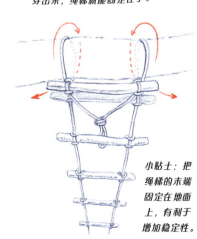

小贴士:把绳梯的末端固定在地面上,有利于增加稳定性。

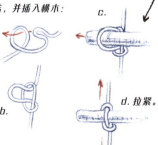

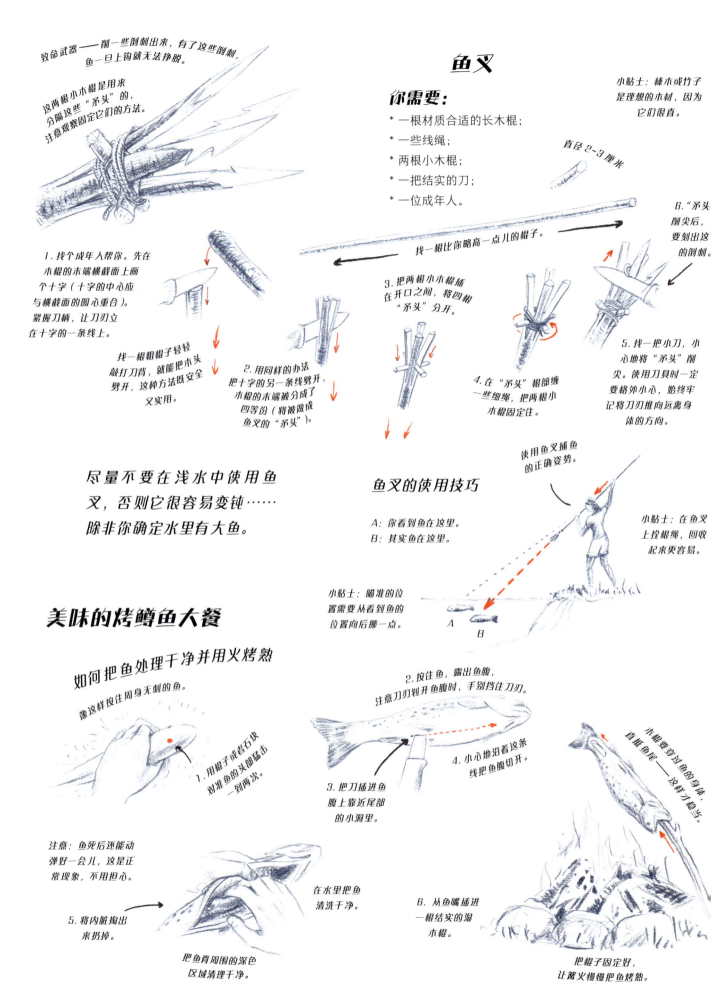

致命武器——削一些倒刺出来，有了这些倒刺，鱼一旦上钩就无法挣脱。

这两根小木棍是用来分隔这些"矛头"的，注意观察固定它们的方法。

鱼叉

你需要：

* 一根材质合适的长木棍；
* 一些线绳；
* 两根小木棍；
* 一把结实的刀；
* 一位成年人。

小贴士：榛木或竹子是理想的木材，因为它们很直。

直径 2~3 厘米

1. 找个成年人帮你。先在木棍的末端横截面上画个十字（十字的中心应与横截面的圆心重合）。紧握刀柄，让刀刃立在十字的一条线上。

找一根比你略高一点儿的棍子。

6."矛头"削尖后，要刻出这样的倒刺。

找一根粗棍子轻轻敲打刀背，就能把木头劈开，这种方法既安全又实用。

2. 用同样的办法把十字的另一条线劈开，木棍的末端被分成了四等份（将被做成鱼叉的"矛头"）。

3. 把两根小木棍插在开口之间，将四根"矛头"分开。

4. 在"矛头"根部缠一些细绳，把两根小木棍固定住。

5. 找一把小刀，小心地将"矛头"削尖。使用刀具时一定要格外小心，始终牢记将刀刃推向远离身体的方向。

尽量不要在浅水中使用鱼叉，否则它很容易变钝……除非你确定水里有大鱼。

鱼叉的使用技巧

A：你看到鱼在这里。
B：其实鱼在这里。

使用鱼叉捕鱼的正确姿势。

小贴士：在鱼叉上拴根绳，回收起来更容易。

小贴士：瞄准的位置需要从看到的位置向后挪一点。

A B

美味的烤鳟鱼大餐

如何把鱼处理干净并用火烤熟

像这样按住周身无刺的鱼。

1. 用棍子或者石块对准鱼的头部猛击一到两次。

2. 按住鱼，露出鱼腹，注意刀刃划开鱼腹时，手别挡住刀刃。

3. 把刀插进鱼腹上靠近尾部的小洞里。

4. 小心地沿着这条线把鱼腹切开。

木棍要穿过鱼的身体，直抵鱼尾——这样才稳当。

注意：鱼死后还能动弹好一会儿，这是正常现象，不用担心。

5. 将内脏掏出来扔掉。

在水里把鱼清洗干净。

把鱼脊周围的深色区域清理干净。

6. 从鱼嘴插进一根结实的湿木棍。

把棍子固定好，让篝火慢慢把鱼烤熟。

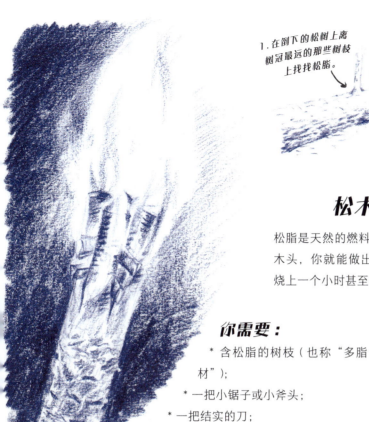

1. 在倒下的松树上离树冠最远的那些树枝上找找松脂。

松脂常聚集在树枝与树干连接的部位。

2. 用锯小心地切下合适的树枝（从尽可能靠近树干的部位下刀）。

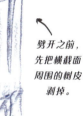

你要找的是这种颜色饱满的木材，浸满了芳香的松脂。

注意：你可能一下子找不到合适的，可以去其他的树枝或松树上找找。

松木火把

松脂是天然的燃料。如果能找到合适的木头，你就能做出一把特别棒的火把，烧上一个小时甚至更久不成问题。

你需要：

* 含松脂的树枝（也称"多脂材"）；
* 一把小锯子或小斧头；
* 一把结实的刀；
* 一位成年人；
* 火柴、打火机或打火棒。

3. 用木棒轻砸刀背，把松木的末端横截面劈成四份。具体操作请参阅我在前文鱼叉制作指南中介绍过的方法。

劈开之前，先把横截面周围的树皮剥掉。

4. 从多脂的松木上削下一些小木条和类似"刨花"的小薄片。把木条塞进十字缝隙中可以形成气流通道。"刨花"是点火时理想的引火物。

5. 将火把固定在地上，然后点燃"刨花"，等火旺起来就可以用了。

安全原则：

* 只有有经验的成年人才能驾驭点燃的火把；
* 远离任何可能被点着的东西；
* 不要在旱季使用火把——掉落的松脂会引发森林火灾。

锯、刀和灼热的松脂，这些都意味着点火把这件事需要一位心思细腻的成年人。

被点燃的灼热松脂会从火把上掉落，所以需要找个安全的地方将火把以合适的角度固定住。

胶带在野外的10种妙用

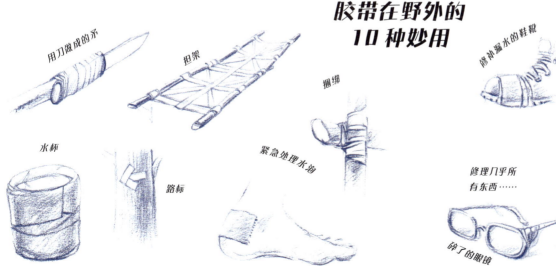

用刀做成的矛

担架

捆绑

修补漏水的鞋靴

补帐篷上的破洞

水杯

路标

紧急处理水泡

修理几乎所有东西……

碎了的眼镜

水瓶

绳和结

为了不让你迷失在绳和结的世界里，我写了一份入门指南。即使只是稍做了解，也会对你开始真正的探险活动有很大帮助。

一卷（或一捆）马尼拉麻绳是户外探险的理想伴侣。你有好几种不同粗细的绳子可以选择。

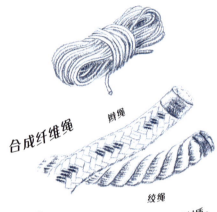

合成纤维绳　辫绳

绞绳

最好的人造绳是尼龙、聚酯和聚丙烯材质。人们常在航海和爬山时使用它们。

天然纤维绳索

天然纤维绳索的材质包括马尼拉麻、剑麻、大麻和棉花等。不同材质的绳索强度各不相同，其中以马尼拉麻性能最佳。

马尼拉麻绳：

* 用途广泛；
* 打结和捆绑都比较容易，承重能力强；
* 延展性不强；
* 比人工合成的绳子沉（相同尺寸或相同承重能力下）；
* 绳头需要捻接或用细绳缠绕加固才不会散。

人造绳：

* 通常比天然绳索更结实；
* 更轻便，不占地方；
* 切口用火燎几下就能封住；
* 需要注意的是，尼龙绳有 20% 左右的延伸率（有些绳索在不断变化的拉力下会被拉长，即延伸或延展）。

绳子的粗细

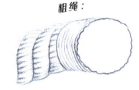

粗绳：

* 适合绳索摆荡、攀岩或登山等活动；
* 尤其适合承担重量很大的任务；
* 缺点是整理和打结都比较困难。

粗细适中的绳子：

* 适用范围特别广；
* 承重通常比较大——使用前请先确认；
* 打理、捆绑和打结都比较容易。

伞绳：

* 适合捆绑及搭建庇护所；
* 可作为固定帐篷和防水布的定位绳；
* 野外求生时还有很多用途。

小贴士：多绕几圈会更牢固。

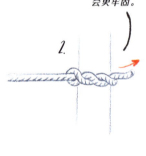

套钩结

用于将绳索固定在杆子、柱子或树上，也常作为绳头结和绳尾结。

圆材结*

一种简单的临时打结方法——可用于拖拽木料，还可以系绳头。在受力的情况下很牢固。

1.　　　2.

双套结

一种快捷且简单的打结方法，常用于系绳头和绳尾。可惜不是很牢固。

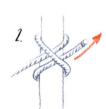

1.　　　2.　　　3.

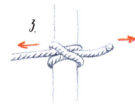

旋圆双半结

一种简单而坚固的打结方法，很适合用于将绳子系在杆子或树上。绳结可以保持紧绷状态。

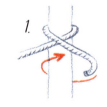

1.

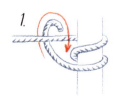

2.

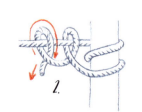

3.

* 绳结在不同行业或地区会有多种名称，不同结绳方法也可能会有相同名称，本书中选用的是较为常用的中文名称，并非唯一译名。

衔接结

平结

这是将绳子两端连在一起的一种简单且有效的办法，很容易解开。

* 若是用来将两根绳子连在一起，则两根绳子的粗细应相同；
* 不适用来延长绳子或者负重（因为容易松脱）；
* 很适合捆绑非绳索形状的物料，比如急救中的绷带包扎。

渔夫结

适用于把两段绳子系在一起，或者把藤蔓接成一根长绳。虽然叫渔夫结，但其实并不常用于鱼线，是很难解开的一种结。

接绳结

非常简单也很牢固，可将两条粗细不同的绳子连在一起。

* 需要持续拉紧；
* 粗绳和细绳的承重能力有别，请注意这一点。

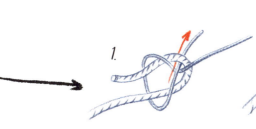

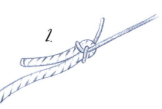

小贴士：遇上难解的结，可以尝试用手掌将绳结在坚硬的物体上滚动或摩擦几下。如果不起作用，泡在水里再试试。

环状结

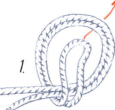

反手结

这是一个快捷且简便的绳结打法。但不如称人结牢固。

称人结

称人结是一种既简单又结实的绳结，不会打滑，很容易解开。探险家群体中人尽皆知。

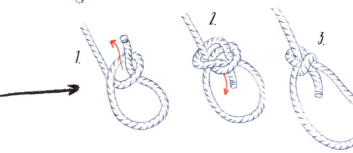

小贴士：用半结把绳尾系紧可以让称人结更牢固。

鱼线结

把鱼钩拴在鱼线上的结。

打鱼线结绝对是个精细活儿。耐心点儿，等到大鱼上钩，你的努力就没白费。

帕洛马结

一种非常有效且相对简单的鱼钩结。

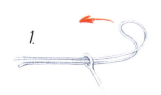

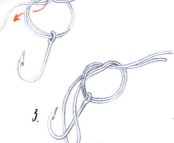

小贴士：拉紧绳结之前先用唾液把它打湿，这样会让绳结更结实。

如何拿鱼钩

抓鱼钩时让倒钩朝下——万一打滑了，不会伤到手。

编结捆绑

只要有充足的木材和几根简单的绳子，你几乎可以做出任何框架，无论是搭帐篷、扎木筏，还是在营地周围做点儿有用的东西，都特别方便。

三脚架编结

可用于制作稳固的立式框架，比如维格沃姆窝棚。

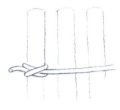

1. 先在最外侧的杆（棍）上系一个双套结。

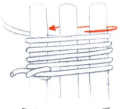

2. 如图所示缠 5~6 圈，别缠太紧。

3. 在两杆之间绕两圈，勒紧。注意，这两处绳子缠绕的方向相反。

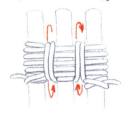

4. 仍然用双套结收尾（必要时多打个结加固）。

这里的小窍门是一开始别把三脚架的绳子绑太紧，让三根杆之间的角度有充分的调整余地。

5. 转动外侧的两根杆，须确保中心的杆处在外侧两杆之间。可能得调整几次才能为绳结找到合适的松紧程度。

四方编结

用于捆绑两根互相垂直的木杆，搭建单坡庇护所就用得着。

1. 先从双套结开始。像这样从后往前绕 3 圈。

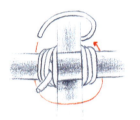

2. 三圈绕满，改变缠绕的方向。

3. 在两杆之间用力缠上几圈，把绳结拉紧。

4. 最后用 1~2 个双套结收尾。

十字编结

适用于相互交叉的木杆，此法通常用于加固框架。

1. 先用一个圆材结把两根木棍固定在一起，然后朝同一个方向绕 3 圈。

2. 在十字交叉的对角线上沿相反的方向再绕 3 圈。

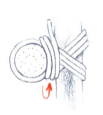

3. 在两棍之间用力缠上几圈。

4. 最后用 1~2 个双套结收尾。

现在你几乎可以建造任何东西。

三脚架编结

四方编结

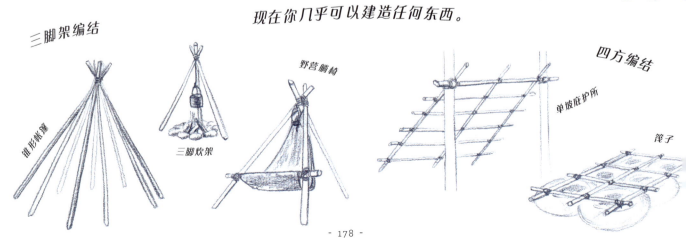

锥形帐篷　　三脚炊架　　野营躺椅　　单坡庇护所　　筏子

其他有用的材料

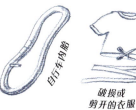

自行车内胎

破损或剪开的衣服

旧领带

旧的紧身裤和长袜

布基胶带

扎线带：把扎线带连接起来可以满足长度的要求。

弹力绳：不适合编绳结。

晾衣绳

接棍编结

用于将两根棍连起来，增加长度。

小贴士：请提前规划好，为接棍编结留出足够的交叠长度。

1. 以圆材结开始，然后绕 8 圈。

2. 以双套结收尾。

3. 重复步骤 1 和 2，完成第二个结。

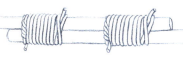

剪立结

这种结可以搭出 "A" 字形支架（搭三角帐篷就用得着）。

1. 先打一个圆材结，然后在两根杆上绕 7 圈左右。

2. 在两杆之间用力缠两圈，然后用双套结收尾系紧。

3. 将两杆分开，调整成 "A" 字形支架。

板面结

这种方法可以把木棍固定在框架上，形成平板或者平台——扎木筏、搭建树屋、制作桌面等场合都很实用。

1. 以双套结起头，把绳子系在框架上。绳子末端要固定住。

2. 绳子绕过第一根木杆。

3. 把绳子拉进框架内侧，绕出一个绳圈……

然后把绳圈套在相邻的第二根杆上。

4. 拉紧绳子，把木杆固定住。

5. 把绳子拉到框架外侧，再绕出一个绳圈，并套在第三根杆上，拉紧。

6. 重复步骤 3、4 和 5，直到全部完成。最后用双套结收尾。在框架的另一端重复上述步骤。

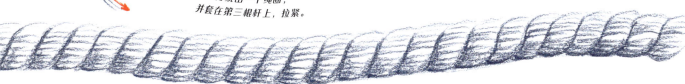

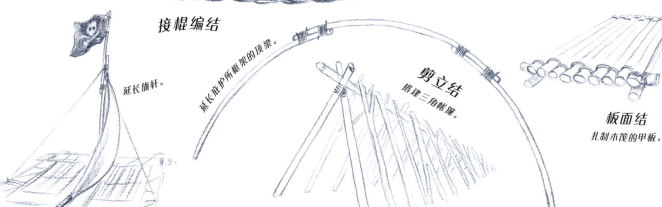

接棍编结

延长旗杆。

延长庇护所框架的顶梁。

剪立结

搭建三角帐篷。

板面结

扎制木筏的甲板。

急救箱

你有很多种不同的急救用具可供选择，必不可少的那几样却大同小异。在大规模的探险活动中，队伍中一定要准备一只急救箱，并交给经验丰富的人来使用。

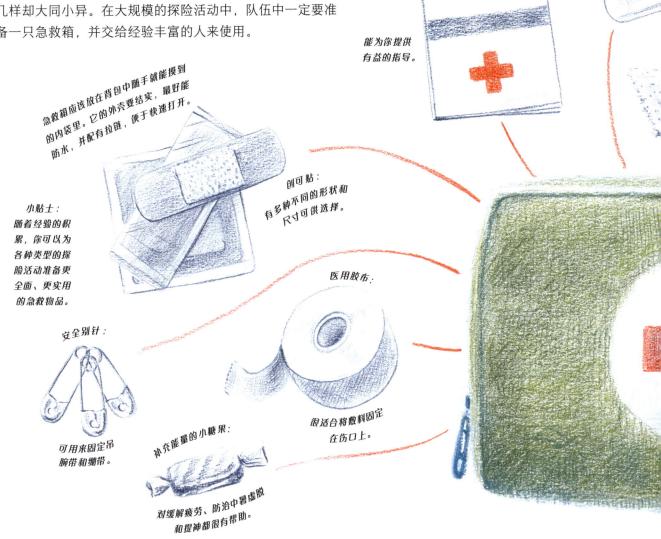

急救手册：
能为你提供有益的指导。

无菌水：用于冲洗伤口，还能缓解眼睛酸痛等不适。

急救箱应该放在背包中随手就能摸到的内袋里。它的外壳要结实，最好能防水，并配有拉链，便于快速打开。

小贴士：
随着经验的积累，你可以为各种类型的探险活动准备更全面、更实用的急救物品。

创可贴：
有多种不同的形状和尺寸可供选择。

医用胶布：
很适合将敷料固定在伤口上。

安全别针：
可用来固定吊腕带和绷带。

补充能量的小糖果：
对缓解疲劳、防治中暑虚脱和提神都很有帮助。

野生草药急救箱

要是你的急救箱刚好没在手边，可以去找找这些天然的抗菌植物。

人类了解并使用野生草药的历史已有数千年之久。

车前草叶：
特别适用于治疗荨麻刺伤和昆虫叮咬，还可以包扎伤口。

野生大蒜：
把嚼碎的叶茎敷在伤口上可当作杀菌用的敷料。

把野生大蒜叶嚼碎或者捣烂成糊状。将药糊敷在伤口上，用叶子包起来。

酸模叶：治疗荨麻刺伤的特效植物。用叶子在荨麻刺痛的地方揉搓，也可以敷在烧伤处和水泡上。

消毒湿巾：
用于清理伤口。

镊子：用来清除玻璃、碎片和蜱虫。

要想成为一名真正的探险家，
一个好的急救箱是必不可少的，
而且还得知道如何使用它。

绷带：
用于固定伤口上的敷料，
还可以固定扭伤和骨折部位。

外用药膏：例如抗菌或抗
组胺类软膏，可用于缓解蚊
虫叮咬引起的刺痛感。

领队应该了解每一位
队员的身体状况和过敏史，
并备好所需的药物。

各种敷料和纱布：
敷在割伤和擦伤的地方。

个人药物

剪刀：
可用于剪开
敷料和绷带。

三角绷带：用于制作吊腕带。

大马勃菌：把这些大型真菌切开，
在伤口上涂抹，就能为伤口止血。
注意：新鲜的马勃菌是通体纯白色的。

松针茶：具有杀菌、消炎的功效，
对治疗感冒和鼻塞很管用。
像泡茶一样把松针扔到热水里就行。

泥炭藓：一种可以在树林和
潮湿地区找到的天然抗菌剂。

挤掉水分（如果有时间就晾干），
然后盖在伤口上作为敷料。

咬伤、烧伤、水泡和流血

为了能够真正帮到自己和别人，你应该学学基础的急救课程。

这里有一些常见的急救场景和处理办法，每一位探险家都应该有所了解。

划伤和擦伤

通常会刺痛一段时间，但如果伤口较小，一般可以自己处理。

常见的受伤理由：

* 被带刺的灌木刮伤；
* 被刀割破；
* 从自行车上跌落。

1. 用敷料压在伤口上止血。

一旦出现以下情况，请及时就医：

* 大而深的伤口；
* 出血不止；
* 动物咬伤；
* 穿刺伤；
* 有污垢或异物进入伤口。

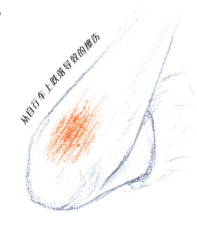

从自行车上跌落导致的擦伤

2. 先洗手，再用洁净的水清洗伤口。然后用消毒湿巾轻轻擦拭伤口。

3. 盖上无菌敷料。如果伤口不大，可以用创可贴。

4. 用绷带或医用胶布固定。

划伤：如果你在过去五年内没有注射过预防破伤风的针，你可能需要去打一针。

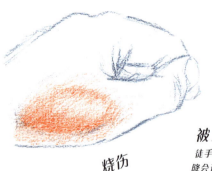

烧伤

如何处理：

1. 用凉水（不是冰水）冲洗烧伤处 10 分钟。

2. 用保鲜膜或敷料盖在伤处（不能用有黏性的创可贴或者棉球）。

3. 及时就医。

被绳子擦伤

徒手抓着绳子速降会让你的手磨出泡并被灼伤。

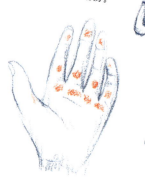

为了避免绳子伤手，记得把绳子绕在腿上，并用脚锁紧，控制下降的速度，免得太快。一定要戴上手套。

如果出血严重，需要按压止血，并使用敷料和绷带。将出血部位抬高（高于心脏），并立即就医。

常见的受伤理由：

* 篝火；
* 烧热的锅；
* 滚烫的食物和水；
* 便携煤气炉；
* 火柴及打火机；
* 摩擦。

兵蚁缝合术

我尝试过不少处理
伤口的"有趣"方法，
可是当向导提议用当地的
一种兵蚁缝合我胳膊上一条
很深的伤口时，我以为他在开玩
笑。但他是认真的。我眯着眼睛，
看着他把一种巨大的行军蚁中的兵蚁接
二连三地按到我的伤口上。它们强壮的
下颚紧紧咬住了我的皮肤——我
差点儿晕过去。最后，向导掐断
了兵蚁的身体，只留下锁紧的
下颚。从许多方面来讲，这
次缝合都堪称完美。

我用"巨蟒剧团"[27]的演员
名字为这些新朋友起了名：
格雷厄姆 特里 艾瑞克
迈克尔
约翰
特瑞

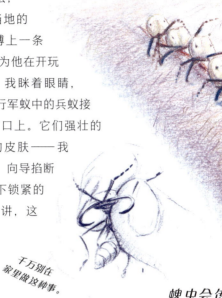

千万别在
家里做这种事。

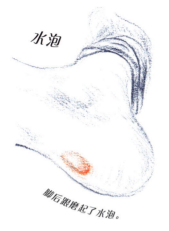

小贴士：只要你觉得
脚上的皮肤不舒服，
马上用创可贴或水泡
垫贴上。

水泡

脚后跟磨起了水泡。

蜱虫会传播传染病（如莱姆病）。
如果你被咬后出现了越来越
严重的红疹或类似流感的症状，
应该找医生看看。

蚊虫叮咬

你就要闯进它们的领地了。
要有礼貌，你准备好了吗？

蚊子

喷上驱蚊剂，穿上长衣长裤，尽量
不裸露皮肤。如果被叮了，请忍
住，不要挠——因为越挠越痒。

小贴士：蚊子不喜欢
烟雾和风大的地方。

蜜蜂、胡蜂和大黄蜂

如果疼痛加剧或者
红肿越来越严重，
就需要就医了。

被蜇过的地方会肿起来，还会很疼。
如果毒刺还留在皮肤里，一定要把它拔掉。
用冰袋或浸过凉水的织物冷敷伤口。

蜱虫

用镊子揪出蜱虫。

1. 将镊子靠近皮肤
和蜱虫的脑袋，然
后轻轻把它拔出来。

2. 用消毒湿巾
擦拭伤口。

蛇

如果被蛇咬了，当作刀伤
来包扎处理就可以。记住，
大多数蛇是无毒的。被蛇咬
的伤口中50%都不会有毒液残留。
为了确保安全稳妥，
请立即就医。

小贴士：在蛇的栖息地，看不见的地方
不要走，也不要乱碰。最好能制造点儿
声响，再找根棍子，扫清前方的路。

实际大小

小贴士：
把裤腿塞进袜
子里。

这些小寄生虫在
野外很常见。它们
不会咬疼你，但会传
播疾病。

要是你被蛇咬了，请努力记住这条蛇的样子，
或者拍张照片以供识别。但不要试图抓住它，
否则你可能会被它咬两回。

在野外，我每天至少要检查一遍身上有没有蜱虫。
一旦发现，立即清除。

扭伤和拉伤

和严重的瘀伤类似，通常会发生在胳膊、腿和脚踝处。

崴脚

通常很难判断某个部位有没有折断。如果确定不了，一定要寻求医疗救助。

要治疗跌打损伤，请记住下面四个要点：

1. 让受伤部位得到休息。
2. 用冰块或浸了冷水的织物敷在受伤部位。
3. 固定并加压包扎受伤部位。
4. 抬高受伤部位。

注意脚踝周围的肿胀部位。找点儿冷的东西敷上。

用绷带在脚踝上缠成"8"字形。绷带缠紧一点儿固定效果才明显，但也不能太紧，否则会阻碍脚部的血液循环。

一个扭了脚的人正被另外两个人搀扶着。在野外，你可能也要帮不幸受伤的同伴寻求救助。

如何把毛衣或外套改造成吊腕带

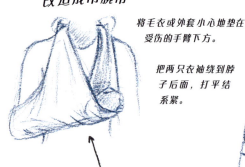

将毛衣或外套小心地垫在受伤的手臂下方。

把两只衣袖绕到脖子后面，打平结系紧。

确保手臂以这样的弯曲角度舒适地搭在胸前。

如果这里只有你一个人，可以把T恤衫的底边翻上来，也能起到吊腕带的作用（T恤衫不能太宽松）。

可能造成崴脚的原因：

* 扭动脚踝；
* 从高处跳下；
* 突然发力；
* 从自行车上跌落。

骨折

骨折：症状包括疼痛和休克，以及肿胀、瘀伤、畸形和行动不便。

1. 帮受伤的人坐下来，并让他们放松下来。

2. 将受伤部位固定住，并垫上衣服以限制其移动。

3. 把伤者的身体包裹起来，这样不但可以保暖，隔绝地面的寒气，还能让他们感到安全。

4. 呼救或想办法寻求帮助，但不要丢下伤者一个人。

让伤者坐在防潮垫上，这样可以隔绝地面的寒气。

如果是手臂骨折，需要用吊腕带固定。起身前往安全地带之前，请先确认伤者已经准备好了。

造成骨折的常见原因

* 在硬地面上严重摔伤；
* 被石头砸中或击中；
* 脚踝严重扭伤。

作为探险家，冷静是你宝贵的财富之一。保持冷静不但能解决问题，而且能影响别人。

低体温症（体温过低）

症状：

* 浑身发抖；

* 皮肤冰凉且无血色；

* 言语含糊不清；

* 呼吸微弱；

* 失去知觉；

* 头晕，意识模糊。

如何救治：

* 打电话寻求医疗救援。在医护人员赶来之前设法让病人暖和起来；

* 给他们喂一些热水（或其他流食）和能量棒（如果他们还能吞咽的话）；

* 不停地和病人说话，并为他们打气鼓劲。

中暑（体温过高）

症状：

* 口渴；

* 虚弱乏力；

* 头晕；

* 头痛；

* 恶心。

如何救治：

* 降温，远离阳光直射，脱掉多余的衣物；

* 喝含糖饮料，补充水分——如果没有糖水，喝水也可以；

* 寻求医疗帮助；

* 若不及时治疗，中暑发展为热射病[28]，将会危及生命。

脱水

症状：

* 口渴；

* 口干舌燥；

* 尿液颜色深；

* 排尿困难；

* 乏力、易愤怒或恶心；

* 眩晕；

* 头痛；

* 肌肉痉挛。

如何救治：

找个阴凉的地方坐下来休息一会儿，慢慢喝点儿水，直到身体恢复。

休克

事故发生之后会出现两种不同类型的休克。一种是情绪上的；另一种则是生理上的。生理休克时脉搏和呼吸会受到严重影响，皮肤也会变得湿冷并失去血色。遇到上述情况，请立即求助，同时安抚病人并设法让他暖和过来。

早期症状：

* 脉搏加快；

* 呼吸急促；

* 皮肤湿冷、苍白。

中期症状：

* 打哈欠 / 乏力；

* 焦躁不安，意识模糊；

* 严重口渴。

如何救治：

* 让病人躺在暖和的毯子上；

* 安慰并鼓励他们；

* 将腿抬高（高过心脏）；

* 立即打电话或用其他方法求助。

过敏反应

如果出现以下症状，可能是过敏了。请立即寻求帮助。

症状可能包括：

* 皮肤发红、发痒；

* 眼睛肿胀；

* 喉部肿痛；

* 恶心；

* 头晕目眩。

如何救治：

* 让病人坐下，设法让他们感到舒服一些；

* 打电话，或用其他方法寻求医疗帮助；

* 如果病人了解自己的过敏史并接受过药物治疗，帮他们用药。

头部撞击

头部受到严重撞击后，即使没有感觉不适，也应该检查一下。

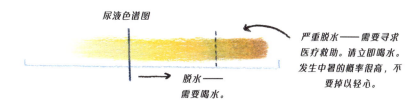

尿液色谱图

脱水 —— 需要喝水。

严重脱水 —— 需要寻求医疗救援。请立即喝水。发生中暑的概率很高，不要掉以轻心。

求生场景

这里展示了一些危险状况，你应该知道如何避险和求生。欢迎你把这些知识分享给你的朋友。

掌握这些知识是为了有备无患，但愿你永远不会付诸实践。

1. 一旦掉入冰隙，你会同时陷入寒冷、潮湿和震惊当中。

花点儿时间冷静下来。如果附近有人，请向他们求助。

抓住身后的冰面——因为你刚才走过的冰层会更厚实一些。

掉入冰隙

这种意外常发生在薄冰面上，往往让人措手不及。寒冷是最大的威胁。你需要自己想办法爬出去或者寻求帮助。

* 除非有经验丰富的成年人陪同，否则不要到冰面上活动；
* 对冰层的厚度了如指掌；
* 永远不要试图用手把别人拉出来，要用绳子或者呼救；
* 注意冰层颜色或阴影的变化。

冰面的安全厚度

0~6 厘米：不要在冰上行走。

10 厘米：可以支撑一个成年人。

20 厘米以上：可以支撑一小群人。

30 厘米以上：可以支撑一辆小汽车。

2. 如果你准备好了，就按照图中所示的方法使劲蹬腿，你可以慢慢漂起来，使身体保持水平。

像蝶泳那样蹬腿（双脚并拢）可以获得更大的力量。

用胳膊和肘部发力爬出冰隙，同时继续不停地蹬腿。

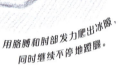

3. 一旦爬上冰面，就向安全区域翻滚。这种方法能最大限度分散你的体重。

冰面上颜色较深的区域通常比较薄。

被离岸流困住

离岸流是一种流向大海的湍急暗流，多出现在海滨，通常是因为冲向海岸的波浪越过海底沙洲时冲破沙洲，并以一种特殊的方式引导海水的流动。它很危险，尤其是当你试图游回岸边的时候。

注意海水的颜色——离岸流通常比周围的海水更亮或更暗。

离岸流

如果在海滨发现大量浪花之间有比较平静的区域，就需要当心离岸流了。

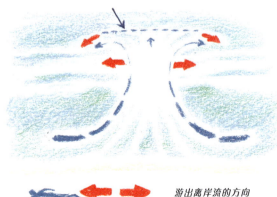

离岸流在此处终止

游出离岸流的方向

身陷离岸流怎么办：

* 首先，不要惊慌，也不要试图直接游回岸边——你会累坏的；
* 边踩水边挥手或者呼救；
* 沿着与海滩平行的方向游，直到你感觉离岸流减弱，然后再借助海浪的力量回到岸边。

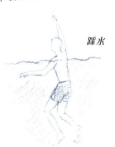

踩水

离岸流不会直通大海深处——如果你的呼救被人发现，可以用踩水的方式节省体力。

闪电

雷暴和闪电可能会对野外探险构成严重威胁，但通常是可以避免的。如果不幸被你赶上了，下面这些避险信息是你应该了解的。

暴风雨袭来时，"一览众山小"是最糟糕的景观，你需要尽快从山上下来。

数一数从看见闪电到听到雷声的时间间隔，就能算出闪电离你有多远。3秒 = 1千米远，6秒 = 2千米远……以此类推。

如何避险

* 有可能的话，赶在雷暴袭来之前躲进建筑物或车里；
* 要是条件不允许，就去找一处地势低的地方，比如水沟；
* 如果在树林里，请避开高大的树木；
* 避开平坦的开阔地，也不要接近可能会引来闪电的高大物体或土丘；
* 如果闪电离你很近，就按照右图所示的姿势蹲下来；
* 如果没有汽车，躲在帐篷里也可以（如果刚好在帐篷边），或者蹲在防潮垫上。

✘ 安全姿势：鞋跟并在一起。

当心这些积雨云。它们可能会发展成风暴。

汽车里很安全。即使遇上雷暴，坐在车里，把手放在膝盖上就行。

如果被雨困在山里，尖峰和悬崖会形成一个相对安全的地带，不过要当心掉落的石头。

安全区域

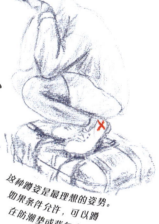

这种蹲姿是最理想的姿势。如果条件允许，可以蹲在防潮垫或背包上。

下一次，如果你再感到恐慌，就停下来做几次深呼吸，试着让自己冷静下来。这是一种能让你终身受益的生存工具。

逃离下陷的淤泥和流沙

下陷的淤泥或流沙很难被注意到。所幸这种情况不常碰上，而且我们的身体比泥土或沙子轻，只要你遵循以下步骤，就能爬出来。

你最多陷到腰部，不会更深了，但问题是你的脚没地方踩，根本使不上劲。

实际深度

2. 躺下来可以阻止你陷得更深。这样可能会让你觉得不舒服，但那不过是些水、泥巴或者沙子而已。

3. 扭动身体，把一条腿一点点拔出来；然后用同样的办法拔出另一条腿。手臂像游仰泳那样划动，让自己逐渐脱离泥沙。

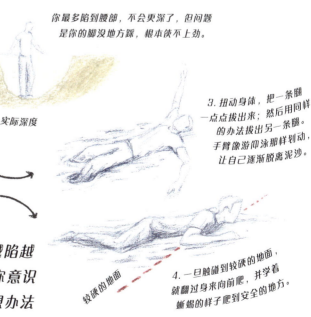

较硬的地面

1. 一旦感觉到自己在下陷，就坐下来，这样能分散你的体重。如果附近有人，请挥手并呼救。

不要眼睁睁地看着自己越陷越深却什么也不做——当你意识到自己在下沉时，马上想办法分散你的体重。

4. 一旦触碰到较硬的地面，就翻过身来向前爬，并学着蜥蜴的样子爬到安全的地方。

发现并追踪野生动物的行踪

我们很难看到野生动物。它们的感官特别灵敏，在很远的地方就能察觉出我们的存在。但动物都会留下一些线索，脚印就是最容易识别和研究的。这里有一些是我在旅程中见过的脚印。

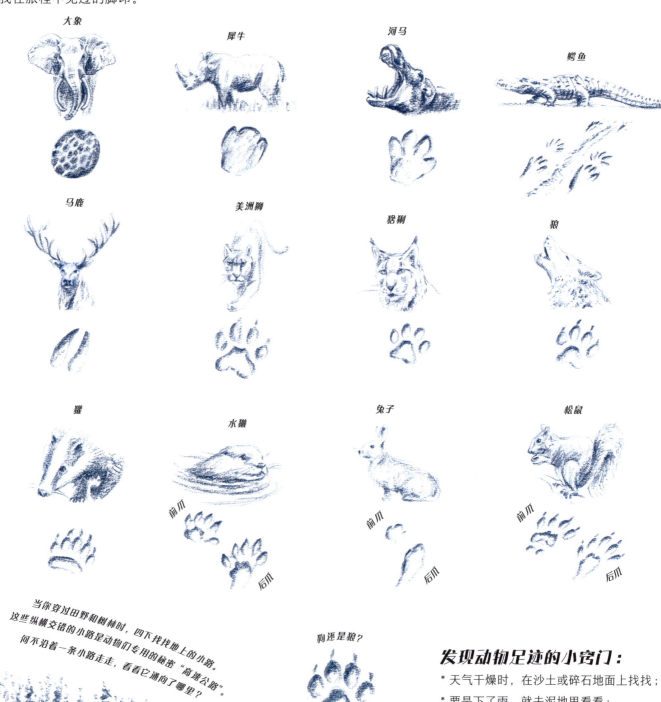

大象

犀牛

河马

鳄鱼

马鹿

美洲狮

猞猁

狼

獾

水獭
前爪
后爪

兔子
前爪
后爪

松鼠
前爪
后爪

当你穿过田野和树林时，四下找找地上的小路。这些纵横交错的小路是动物们专用的秘密"高速公路"。何不沿着一条小路走走，看看它通向了哪里？

狗还是狼？

许多动物的足迹看起来很相似。如果你熟悉你所在地区的动物，就能猜出个八九不离十。

发现动物足迹的小窍门：

* 天气干燥时，在沙土或碎石地面上找找；

* 要是下了雨，就去泥地里看看；

* 一场雪过后，你可以发现各种各样不可思议的印记；

* 动物们晚上喝水的时候，经常把脚印留在河岸边。

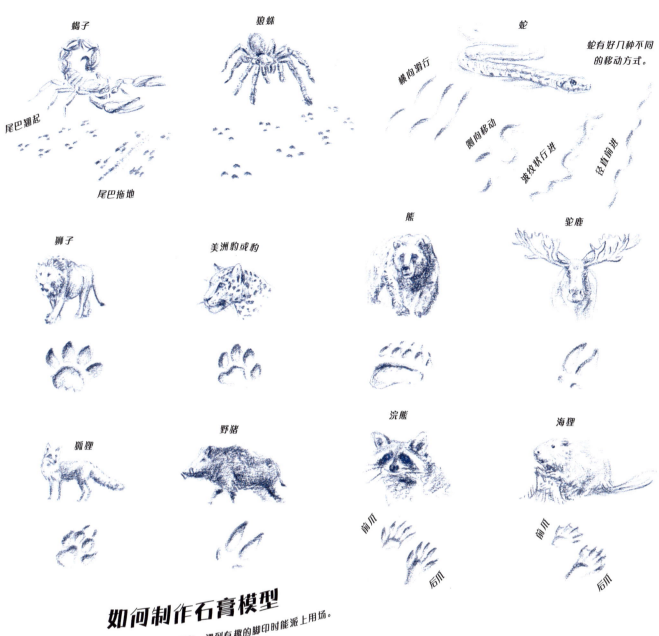

蝎子

尾巴翘起

尾巴拖地

狼蛛

蛇

蛇有好几种不同的移动方式。

横向滑行

侧向移动

波纹状行进

径直前进

狮子

美洲豹或豹

熊

驼鹿

狐狸

野猪

浣熊

前爪

后爪

海狸

前爪

后爪

如何制作石膏模型

我经常随身携带一些石膏，遇到有趣的脚印时能派上用场。

你需要准备：

* 铸模石膏粉（封装在 1~2 个密封塑料袋中）；
* 水；
* 一把小铲子或小泥刀；
* 硬纸板；
* 搅拌棒。

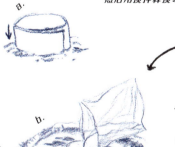

a.

b.

1. 先选定一处足迹，然后用硬纸板绕着它插进土里（a）或者在它周围堆出一圈小土墙（b），做成一个模具。

2. 在装石膏粉的袋子里，按照一份石膏两份水的比例加水，然后用搅拌棒搅匀。

3. 把石膏浆轻轻倒进模具（a或b）中，等待约20分钟。

4. 石膏变硬后，贴着底将浇筑模型铲起。剥去泥土，露出野生动物的足印。用刷子或棍子把残留的泥土清理干净。

小贴士：多拿几袋石膏粉，这样你就可以多做几个模型了。

这是我在阿留申群岛的海滩上发现的灰熊爪印：23 厘米宽，32 厘米长，是我见过的最大的脚印。

野外导航

在野外，到处都有帮助我们导航的线索。植物、动物、河流和风都可以帮助我们找到方向。但在导航方面，太阳才是最棒的线索提供者。如果你忘记带指南针，这里有一些找到方向的简便方法。

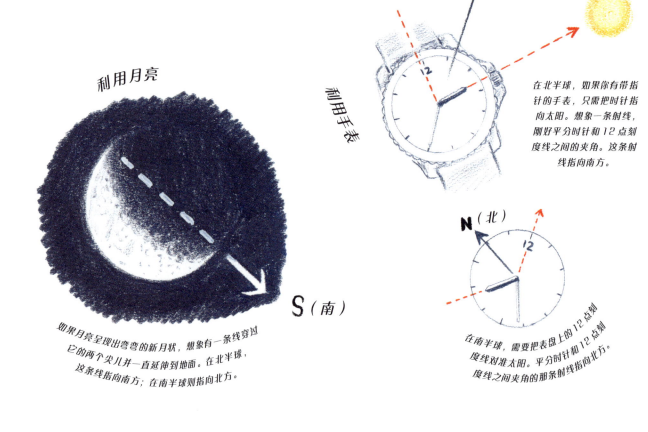

利用月亮

如果月亮呈现出弯弯的新月状，想象有一条线穿过它的两个尖儿并一直延伸到地面。在北半球，这条线指向南方；在南半球则指向北方。

利用手表

在北半球，如果你有带指针的手表，只需把时针指向太阳。想象一条射线，刚好平分时针和12点刻度线之间的夹角。这条射线指向南方。

在南半球，需要把表盘上的12点刻度线对准太阳。平分时针和12点刻度线之间夹角的那条射线指向北方。

一旦你找到了一个方向，
很快就可以找出指南针
上的其他方向。

在野外，到处都有指引方向的线索——
确定了方向就能找到水和食物，
摆脱危险并获救。

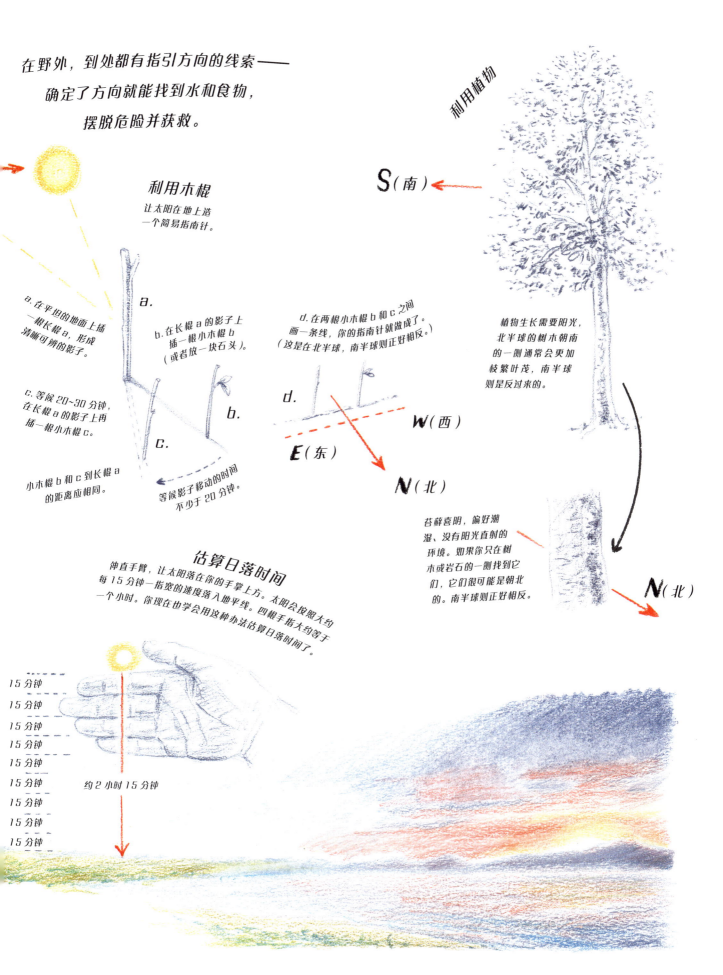

利用植物

S（南）

利用木棍
让太阳在地上造
一个简易指南针。

a.在平坦的地面上插
一根长棍 a，形成
清晰可辨的影子。

a.

b.在长棍 a 的影子上
插一根小木棍 b
（或者放一块石头）。

d.在两根小木棍 b 和 c 之间
画一条线，你的指南针就做成了。
（这是在北半球，南半球则正好相反。）

植物生长需要阳光，
北半球的树木朝南
的一侧通常会更加
枝繁叶茂，南半球
则是反过来的。

c.等候 20~30 分钟，
在长棍 a 的影子上再
插一根小木棍 c。

d.

W（西）

b.

E（东）

c.

小木棍 b 和 c 到长棍 a
的距离应相同。

等候影子移动的时间
不少于 20 分钟。

N（北）

苔藓喜阴，偏好潮
湿、没有阳光直射的
环境。如果你只在树
木或岩石的一侧找到它
们，它们很可能是朝北
的。南半球则正好相反。

N（北）

估算日落时间
伸直手臂，让太阳落在你的手掌上方。太阳会按照大约
每 15 分钟一指宽的速度落入地平线。四根手指大约等于
一个小时。你现在也学会用这种办法估算日落时间了。

15 分钟
15 分钟
15 分钟
15 分钟
15 分钟
15 分钟
15 分钟
15 分钟
15 分钟

约 2 小时 15 分钟

名词解释

1. 生命饮管：一种饮管式滤水产品，由橡胶管和多层过滤网组成，可有效清除水中的大部分细菌、杂质和污染物，对纯净水匮乏的欠发达国家很实用，同时也为探险者们提供了一种便捷的净水方式。

2. 打火棒：又称镁棒，是能够产生大量火花的生火工具，不怕潮湿甚至雨水，轻巧便携。

3. 门廊：帐篷内部入口前的一个遮蔽区，并非所有帐篷都有。

4. 梯皮（teepee）：一种圆锥形帐篷，传统的梯皮由桦树皮或兽皮制成，流行于北美印第安人中。

5. 帆桁（héng）：帆船上一种用以支撑帆的细木条。

6. 水湾：也称小海湾，是海水流入陆地形成的狭长水域。

7. 舷外支架：安装在船体外并与船体平行，以提供稳定性的框架。

8. 提基加格（Tikigaq）：阿拉斯加西北部的小村庄，居住着阿拉斯加原住民因纽特人中的因纽皮雅特人，他们擅长捕鲸。Tikigaq 在因纽特语中是"食指"的意思。

9. 贝都因（Bedouin）：贝都因人是阿拉伯人的一支，属于游牧部落，主要生活在西亚和北非广阔的沙漠及荒原地带。传统的贝都因帐篷多由山羊毛或骆驼毛制成。

10. 涅涅茨人（Nenets）：俄罗斯原住民族群，他们的帐篷被称为"恰姆"（chum），是一种圆锥形帐篷。

11. 塔库特阿岛（Island of Takutea）：位于南太平洋库克群岛南部的环礁岛，无人居住，被指定为野生动物保护区。

12. 这里的"探险家"指英国探险家戴维·利文斯通（David Livingstone），非洲探险的传奇人物之一。"海鸥"指美国寓言小说《天地一沙鸥》（*Jonathan Livingston Seagull*）中的主角（一只海鸥）利文斯顿（Livingston）。

13. 泰科纳（Tekna）：主要居住在西撒哈拉北部的半游牧部落联盟。

14. 空栖雪窝（quinzhee）：北美原住民等生活在寒冷北纬地区的人搭建的一种中空雪屋，和用坚实雪块搭成的冰屋（igloo）不同，这种雪窝由较为松散的雪制成。

15. 4×4 的木料：木料的一种尺寸规格，4×4 指的是横截面的长和宽，实际尺寸约为 100 毫米 ×100 毫米。

16. 乌齐瀑布（Utshi Falls）：又称乔治六世国王瀑布，位于圭亚那西部的库尤尼 - 马扎鲁尼区（Cuyuni-Mazaruni）。

17. 莫拉树：一种生长在南美洲北部及中美洲热带雨林中的树木，平均能有 40 多米高，一个豆荚约有 1 千克重，可煮熟食用或者用作染料。

18. 伊卢 - 川门·特普伊高地（Ilú-Tramen Tepui）：委内瑞拉和圭亚那边界上的山链之一。"特普伊"一词特指南美洲的平顶山或高地，这种高地有着非常独特的地貌和丰富的动植物资源，是南美洲众多河流和瀑布的发源地。

19. 童子军：童子军是一个国际性的、按照特定方法进行训练的青少年社会性组织，旨在培养青少年生存技能。中国国内目前没有官方分支组织，但是民间有一些童子军训练体系的培训机构。

20. 尼龙搭扣（Velcro）:Velcro® 是一个美国的尼龙搭扣品牌，是这种搭扣构件的原始制造商。

21. 尼尔吉里斯（Nilgiris）：位于在印度南部平缓的丘陵地带，著名的咖啡和茶叶产区，隶属印度泰米尔纳德邦（Tamil Nadu）。

22. 似鲭水狼脂鲤：拉丁学名为 *Hydrolycus scomberoides*，一种淡水鱼，分布于秘鲁、巴西等地的河流中。

23. 亚马孙绿鱼狗：拉丁学名为 *Chloroceryle amazona*，一种巨型翠鸟，分布于美洲。

24. 帕库食人鱼（Pacú）：又称人齿鱼，学名为锯腹脂鲤（*Myletes pacu*）。

25. 瓦巴纳基人（Wabanaki）：瓦巴纳基是一个北美印第部落联盟，传统上人们以狩猎和采集为生，"Wabanaki"在当地人的语言中是"黎明之地的人民"的意思。

26. 黑色食人鱼（black piranha）：学名菱锯脂鲤（*Serrasalmus rhombeus*），一种淡水鱼，是著名的食人鱼品种，分布于南美洲亚马孙河、圭亚那等地的淡水流域。

27. 巨蟒剧团（Monty Python）：六个人组成的英国超现实主义喜剧团，代表作为 1969 年的电视喜剧节目《飞翔马戏团》。

28. 热射病：属于重症中暑，是一种致命性急症。

最好的探险经历总是要与人分享的。
我的手杖上刻满了旅伴的姓名首字母，这是我莫大的荣幸。

图书在版编目（CIP）数据

踏入荒野：给孩子的野外生存指南 /（英）泰迪·
基恩编；韦萌译 . -- 福州：海峡书局，2023.8（2024.6 重印）
　书名原文：Lost Book of Adventure
　ISBN 978-7-5567-1122-2

Ⅰ . ①踏… Ⅱ . ①泰… ②韦… Ⅲ . ①野外—生存—
少儿读物 Ⅳ . ① G895-49

中国国家版本馆 CIP 数据核字 (2023) 第 094363 号

本书中文简体版权归属于银杏树下（北京）图书有限责任公司

著作权合同登记号 图字：13-2023-089

出 版 人：林 彬
选题策划：北京浪花朵朵文化传播有限公司
编辑统筹：冉华蓉
特约编辑：胡晟男
装帧制造：墨白空间·唐志永

出版统筹：吴兴元
责任编辑：林洁如 龙文涛
营销推广：ONEBOOK

踏入荒野：给孩子的野外生存指南
TA RU HUANGYE: GEI HAIZI DE YEWAI SHENGCUN ZHINAN

编　　者：[英] 泰迪·基恩
译　　者：韦 萌
出版发行：海峡书局
地　　址：福州市白马中路 15 号海峡出版发行集团 2 楼
邮　　编：350004
印　　刷：鹤山雅图仕印刷有限公司
开　　本：889mm×1194mm 　1/16
印　　张：12.5
字　　数：230 千字
版　　次：2023 年 8 月第 1 版
印　　次：2024 年 6 月第 2 次
书　　号：ISBN 978-7-5567-1122-2
定　　价：148.00 元

读者服务：reader@hinabook.com 188-1142-1266
直销服务：buy@hinabook.com 133-6657-3072

投稿服务：onebook@hinabook.com 133-6631-2326
官方微博：@ 浪花朵朵童书